STRANDPAULI

HIGHLIGHTS HAMBURG

DIE 50 ZIELE, DIE SIE GESEHEN HABEN SOLLTEN

HIGHLIGHTS
HAMBURG

Michael Pasdzior
Axel Pinck

BRUCKMANN

Hafenrundfahrt mit einem »Mississippi-Schaufelraddampfer« (oben). Skulptur *Nana on the dolphin* von Niki de Saint Phalle auf dem Vorplatz des Hafentheaters (Mitte). Kaffeeterrasse an der Kleinen Alster (unten).

Inhaltsverzeichnis

Piazza im Schanzenviertel mit portugiesischen Cafés (oben). Bitte nicht streicheln: Auslage mit Raubkatzen (Mitte). Hinter der *Roten Flora*: Kletterwand am Kriegsbunker (unten).

0
N
5 km
Hagenbecks Tierpark
34
33
35
36
Friedhof Ohlsdorf
Stadtpark
Außenalster
EPPENDORF
Museum für Völkerkunde
31
32
BARMBEK
37
Schulauer Fährhaus
44
BLANKENESE
43
42
Elbchaussee
OTTENSEN
40
39
Platz der Republik
PÖSELDORF
41
Museumshafen Övelgönne
23
Auswandererwelt Ballinstadt
Altes Land
50
WILHELMSBURG
47
BERGEDORF
45
46
KZ-Gedenkstätte Neuengamme
HARBURG
48
Wildpark Schwarze Berge
49
Schlump
Schröderstiftstraße
Rentzelstraße
UNI-VIERTEL
Bundesstraße
Grindelallee
Tiergartenstraße
Fernsehturm
Lagerstraße
Planten un Blomen
Congre Centrur Hambu
St. Petersburger Straße
Karolinenstraße
Grabenstraße
Hamburg-Messe
Alter Botanis Garten
KAROVIERTEL
Messehalle
SCHANZENVIERTEL
28
Stresemannstraße
Bernstorffstraße
Marktstraße
Jungiusstraße
Kleine Wallanlagen
Gorch-Fock-Wa
Dammt
Neuer Kamp
Feldstraße
Thadenstraße
Sieveking-Platz
Musikhalle
Johannes-Brahms-Platz
Valentinska
16
Große Wallanlagen
27
Heiligengeistfeld
Glacischaussee
ALTONA
Gilbertstraße
Wohlwillstraße
Budapester Straße
Holsteinstraße
Thedestraße
Kleine Freiheit
Paul-Roosen-Str.
Hoyerstraße
ST. PAULI
Holstenwall
Pilatuspool
Poolstraße
Kaiser-Wilhelm-Straße
Museum für Hamburgische Geschichte
NEUSTADT
15
Wexstraße
Simon-von-Utrecht-Straße
St. Pauli
Hütten
Neanderstraße
Große Freiheit
Seilerstraße
Millerntorplatz
Reeperbahn
25
Reeperbahn
Ludwig-Erhard-Straße
Königstraße
Spielbudenplatz
Bismarck Denkmal
Panoptikum
Operettenhaus
Königstraße
Pepermölenbek
Lincolnstraße
Davidstraße
Helgoländer Allee
St. Michaelis
14
Krameramtsstuben
Herren
Kastanienallee
Venusberg
Admira
Nachtstraße
Landungsbrücken
Jugendherberge Stintfang
Breite Straße
St.-Pauli-Fischmarkt
Hafenstr.
Ditmar-Koel-Straße
FLEETINSEL
Stubbenhuk
Fischmarkt Altona
26
21
St.-Pauli-Landungsbrücken
Johannis-Bollwerk
24
Verlagshaus Gruner+Jahr
Vorsetzen
Baumwall
Baumwall
E l b e
St.-Pauli-Elbtunnel
Niederhafen
Kehrwiederspitze
Sandtorhöft
Hafen
22
20
Elbphilharmonie
Kais

HAMBURG
N
0
200m
U-Bahn
S-Bahn
Highlights
Innenstadt
Hafen, St. Pauli, Schanzenviertel
Rund um die Außenalster
Altona und Westen
Osten und Süden
ROTHERBAUM
HOHENFELDE
ST. GEORG
KONTORHAUS-VIERTEL
ALTSTADT
HAFENCITY
Außenalster
Binnen-alster
Johnsallee
Rothenbaumchaussee
Heimhuder Straße
Moorweidenstraße
Tesdorpfstraße
Theodor-Heuss-Platz
Mittelweg
Alsterufer
Wartburgstraße
E.-Siemers-Allee
Dammtor
Alsterterrassen
Alsterglacis
Dammtordamm
Alstervillen
Stephansplatz
Staatsoper
Kennedybrücke
Lombardsbrücke
Gr. Theaterstraße
Colonnaden
Neuer Jungfernstieg
Dammtorstr.
Jungfernstieg
Alsterpavillon
Große Bleichen
Poststraße
Bleichenbrücke
Alsterarkaden
Neuer Wall
Alter Wall
Rathaus-markt
Rathaus
Handelskammer (ehem. Börse)
Gr. Johannisstr.
Großer Burstah
Trostbrücke
Mahnmal St. Nikolai
Hopfen-markt
St. Nikolai
Zollenbrücke
St. Katharinen
Katharinenstr.
Deichstr.
Nikolai-
Cremon
fleet
Bei der Mühren
Brookfleet
Am Sandtorkai
Sandtorkai
Sandtorhafen
Dalmannstraße
Ballindamm
Alstertor
Herrmannstr.
Thalia Theater
Ferdinandstr.
HAPAG-LLOYD-Gebäude
Glockengießerwall
Galerie der Gegenwart
Hamburger Kunsthalle
Rosenstraße
Lilienstraße
Kurze Mühren
Gerhart-Hauptmann-Platz
Mönckebergstraße
St. Jacobi
Lange Mühren
St. Petri
Steinstraße
Fisch-markt
Domstraße
Hopfensack
Afrikahaus
Brandstwiete
Willy-Brandt-Straße
Meßberg
Chile-haus
Dovenfleet
Zollkanal
Zippelhaus
Deutsches Zollmuseum
Brooktorkai
Shanghaiallee
Brooktorhafen
Internationales Maritimes Museum
Brooktor
Ericushafen
Steintorwall
Hauptbahnhof
Hbf.-Nord
Steintordamm
Steintor-platz
Hbf.-Süd
Museum für Kunst und Gewerbe
Klosterwall
Hauptpost
Kunstverein
Kunsthaus
Deichtor-platz
Haus der Photographie
Deichtorhallen
Bankstraße
Stadtdeich
Oberhafen
Högerdamm
Münzstraße
An der Alster
Holzdamm
St. Georgstr.
Kirchen-allee
Dreieinigkeitskirche
Deutsches Schauspielhaus
Hansa-platz
Hansa-Theater
Koppel
Lange Reihe
Schmilinskystraße
St. Mariendom
Rostocker Straße
Brennerstraße
Steindamm
Lindenstraße
Böckmannstraße
Centrum-Moschee
Stiftstr.
Adenauerallee
Kurt-Schumacher-Allee
Spaldingstraße
Nordkanalstraße
Nagelsweg
Hammerbrookstraße
Mittelkanal
Amsinckstraße
Lohmühlenstraße
Sechslingspforte
Mundsburger Damm
Schwanenwik

Queen Mary 2
SOUTHAMPTON
CUNARD
MARS

Wenn die *Queen Mary II* in den Hamburger Hafen einläuft, sind Tausende Schaulustige auf den Beinen.

Liebenswerte Metropole

Orte der Entspannung gibt es in der ganzen Stadt: Segelvergnügen auf der Alster (oben), Pause beim Schaarmarkt, im Hintergrund der Gruner & Jahr Verlag (Mitte), der Leuchtturm Wittenbergen am Elbufer (unten). Sonnenuntergang an der Außenalster, im Vordergrund die Bronzeplastik *Drei Mann in einem Boot* am Schwanenwik (rechts).

Heißes Pflaster im kühlen Norden

Der rote Faden, der sich durch Hamburg zieht, ist in Wirklichkeit blau. Das Band der Elbe verbindet sich hier mit der Alster und anderen Nebenflüssen. Hamburg, die Stadt am Wasser, ist dank der vielen Parks und Gärten auch eine Metropole im Grünen. Hamburg bietet große Kunst mit je 60 Theatern und Museen und in über 100 Musikclubs auch kleine Kunst. Einkaufspassagen versprechen Shopping-Erlebnisse und der Hafen den Duft der weiten Welt.

Hier leben der unverwüstliche Udo Lindenberg (in der Suite eines Luxushotels an der Alster) und der Sänger Gunter Gabriel (auf einem schlichten Hausboot in Harburg). In Hamburg ist Tschibo zu Hause, der Otto-Versand, die Nivea-Dose und der Edding-Stift. Für die Entertainerin Ina Müller ist Hamburg ihre Heimat, auch wenn sie aus der Gegend um Cuxhaven stammt. Für den »blonden Hans« Albers ist Hamburg immer Heimat geblieben, auch als er schon längst am Starnberger See wohnte.
Zahlenmenschen hat Heinrich Heine, der sich öfters bei seinem Onkel an der Elbchaussee aufhielt, die Hamburger genannt. Und es gibt tatsächlich viel zu zählen in der Hansestadt. Hamburg besitzt z. B. 2479 Brücken, deutlich mehr als Venedig und Amsterdam zusammen. In Hamburg fallen pro Jahr exakt 773 Millimeter Niederschlag, in Köln sind es 852, in München 1009. So viel zum angeblich schlechten Wetter. Und wer weiß schon, dass auf Hamburgs großstädtischen Weiden über 6000 Rinder grasen, zehn Mal so viel wie in München. Da wundert es schon nicht mehr, dass rund ein Siebtel des Hamburger Stadtgebiets aus Wald und Grünflächen besteht, gut die Hälfte davon ist naturgeschützt.

Am Anfang war die Hammaburg

Vor rund 1200 Jahren war der Anteil der Natur noch deutlich höher, da wohnten nur wenige Menschen an der Mündung des Flüsschens Alster in die Elbe. Der Bau der Hammaburg irgendwann zwischen 810 und 830 war dann der Startschuss für die Gründung einer Stadt. Dann machte Bischof Ansgar die Siedlung zu einem Missionszentrum im Norden, wo viele noch an Thor und Odin glaubten. Um das Jahr 1300 lebten hier rund 5000 Menschen. Heute zählt die Freie und Hansestadt Hamburg, wie sie sich seit 1819 nennt, rund 1,8 Millionen Einwohner, die in sieben Bezirken und 104 Stadtteilen

Detail am Hygieia-Brunnen im Innenhof des Rathauses (oben). Am Gerhart-Hauptmann-Platz (unten). Das Radrennen Cyclassics bringt Spaß für Profis und jedermann (rechts oben).

leben. Dabei würden einige dieser Stadtteile, wie Rahlstedt im Nordosten Hamburgs, mit fast 87 000 Einwohnern anderswo schon als mittelgroße Stadt durchgehen. Die Größe der Stadt, die ja gleichzeitig ein Bundesland ist, hat sich seit 1937 nicht verändert, ihr Einfluss und Wirkungsbereich schon. In der Metropolregion Hamburg, die von Lübeck bis Cuxhaven und von Heide bis Lüchow reicht, leben rund fünf Millionen Menschen.
Hamburg ist eine Stadt der Medien mit *Spiegel, Zeit, Schöner Wohnen, Tagesschau, Brigitte, Feinschmecker* oder der »Herzblattpresse« des Bauer Verlags. Jedes zweite überregionale Magazin Deutschlands wird in der Hansestadt produziert. Dazu kommen Tageszeitungen, Buchverlage, Rundfunk, TV-Sender, Film- und Computerspielproduktionen.
Natürlich ist Hamburg auch eine Sportstadt, mit den Fußballprofis vom HSV und dem FC St. Pauli. Mit Spitzenmannschaften im Eishockey oder Handball und, weniger bekannt, eine der Topstädte für Hockey in der Welt, mit vier Teams in der ersten Bundesliga und insgesamt 32 Hockeyclubs. Ach ja, auch Polo wird in Hamburg seit 1898 gespielt.
Hamburg ist auch eine Modestadt. Schließlich wuchs Karl Lagerfeld in der Hansestadt auf, starteten Jil Sander, Wolfgang Joop oder Uli Schneider im schicken Stadtquartier Pöseldorf ihre Karrieren. Inzwischen ist eine neue junge Modeszene entstanden, mit Ateliers und Showrooms von Eppendorf bis Eimsbüttel oder Altona und einem aufregenden Ideenpool im Karolinenviertel von St. Pauli, wo mehrere Dutzend Designer ganz etwas anderes kreieren als Blazer mit Goldknöpfen.

Bedeutende Wirtschafts- und Medienmetropole

Hamburg ist eine Wirtschaftsmetropole, mit dem größten deutschen Hafen und dem zweitgrößten in Europa, mit Handelsriesen wie dem Otto-Versand, Chemiegiganten wie Beiersdorf und der größten Kupferhütte Europas, mit Reedereien, Versicherungen, Banken, IT-Unternehmen, Werbeagenturen und einem Shopping-Angebot in der City, das Kunden aus nah und fern fasziniert.
Hamburg ist auch eine Stadt mit moderner Spitzentechnik, wo eine internationale Wissenschaftlergemeinde wichtige Erkenntnisse gewinnt, wenn im Teilchenbeschleuniger DESY winzige Bauteile der Materie bei Totalzusammenstößen zerbersten. Das Airbus-Werk in Finkenwerder macht Hamburg nach Seattle und Toulouse zum drittgrößten Flugzeugbau-Standort der Welt.
Vor allem aber ist Hamburg lebenswert, mit dem breiten Elbstrom, wo Container- und Kreuzfahrtriesen an der Strandperle, der Mutter aller Beach-Clubs, vorbeiziehen, und mit der von Grünanlagen

gesäumten Außenalster inmitten der Stadt, die vorausschauende Bürger vor mehr als 800 Jahren zu einem Seejuwel aufgestaut haben.

Stadt am Wasser

Wer auf einer Hafenrundfahrt erzählt bekommt, dass Bananen eigentlich gerade sind und erst im Hamburger Hafen krumm gebogen werden, weiß, warum Barkassenkapitäne und Fremdenführer in Hamburg schlicht »He lücht«, auf Hochdeutsch »Er lügt« heißen. Wer eine Rundfahrt mit Nahverkehrsticket erleben möchte, fährt die Hafenfähre 62 vom Sandtorhöft bei der HafenCity, passiert Elbphilharmonie, Landungsbrücken, das riesige Trockendock Elbe 17, den Fischmarkt und den Museumshafen Neumühlen und quert die Elbe mit Blick auf die Köhlbrandbrücke bis Finkenwerder. Retour geht es auf gleicher Strecke, mit bestem Blick auf Elbstrand, Containerterminals und Stadtsilhouette. Zu der gehört seit wenigen Jahren auch die neue faszinierende HafenCity, eigentlich eine 257 Hektar große Baustelle, und das noch bis weit in die 2020er-Jahre hinein. Mit reger Beteiligung, fast der ganzen Stadt, werden die neuen Bauten und Pläne diskutiert, die das Gesicht Hamburgs so deutlich verändern.

Mehrmals im Jahr feiert sich Hamburg selbst, zum Kirschblütenfest oder beim Alstervergnügen und im Mai mit einem der größten Hafenfeste der Welt. Rund eine Million Zuschauer lassen sich Feuerwerke, Konzerte, das unglaubliche Ballett der Hafenschlepper, die Windjammerparade der Großsegler und die Phalanx von Kreuzfahrtriesen auf der Elbe nicht entgehen. Wen wundert es da, dass sich die Hamburger in einem Punkt ganz einig sind, nämlich in der »schönsten Stadt der Welt« zu leben.

INFORMATIONEN: Hamburg Tourismus GmbH: Steinstr. 7, 20095 Hamburg, Tel. 040-300 51 300, www.hamburg-tourismus.de

Abendstimmung am Cityfleet (oben). Showbühne am Spielbudenplatz (Mitte). Der Hafengeburtstag wird stets mit einem riesigen Feuerwerk gekrönt (unten). Der *Spiegel* residiert in einem Neubau an der Enricus-Spitze in HafenCity (links).

Im Kontorhausviertel erwarten den Besucher Kunst im Treppenhaus des Sprinkenhofs (oben) und Angestellte, die sich in der Mittagssonne zum Lunch treffen (unten). Einige finden ein Ruheplätzchen in den Grünanlagen des Wallrings (Mitte). Wunderschön: der Panoramablick auf den Jungfernstieg (rechts).

Innenstadt

Bronzeplastik am Brunnen im schönen Innenhof (oben). Es lohnt sich, einen genaueren Blick auf die Fundamente der Flaggenmasten am Rathausmarkt zu werfen (unten). Blick auf das Rathaus von den Alsterarkaden aus (rechts).

1 Rathaus und Rathausmarkt

Ein Palast der Bürger

Dem repräsentativen Sitz von Parlament und Bürgermeister geben 4000 Eichenpfähle im morastigen Untergrund einen festen Halt. Das geistige Fundament, eine republikanische Verfassung, gab sich Hamburg schon im Mittelalter. Der Wahlspruch der Stadt steht – auf Lateinisch – in Stein gemeißelt über dem Portal: »Die Freiheit, die erwarben die Alten, möge die Nachwelt würdig erhalten.«

So ist das 1897 im Stil des Historismus eingeweihte Rathaus ein Palast der Bürger. Der 112 Meter hohe Turm teilt den Bau in den südlichen Bürgerschaftsflügel, in dem das Hamburger Stadt- und Landesparlament tagt, und in den nördlichen Senatsflügel, der die Regierung der Hansestadt repräsentiert. Die jeweiligen Behörden der Senatoren residieren in anderen Teilen der Stadt.
Von 1854 bis zur Fertigstellung 1897 hatte man um den Bau diskutiert und an ihm gearbeitet. Das alte Rathaus am Nikolaifleet war – vergeblich – beim Großen Brand von 1842 gesprengt worden, um ein Übergreifen der Flammen zu verhindern. Die imposante Fassade des neuen Gebäudes und seine Innenräume weisen zahlreiche architektonische Zitate auf, vom Heidelberger Schloss bis zu den Schlössern an der Loire. Die Kaisergalerie an der Fassade zum Rathausmarkt mit den darüber thronenden Darstellungen bürgerlicher Tugenden unterstreicht den Anspruch der Stadt auf Reichsunmittelbarkeit, allerdings gerade zu einer Zeit, als das preußische Kaiserreich Hamburgs noch weitgehende Unabhängigkeit einschränkte.

Wie ein Museum zur Stadtgeschichte

Den Säulenwald in der öffentlich zugänglichen Eingangshalle, in dem auch regelmäßig Sonderausstellungen stattfinden, schmücken Porträtmedaillons von um Hamburgs Gemeinwohl verdienten Persönlichkeiten. Insgesamt acht Bildnisse symbolisieren jeweils ein Handwerk: Maurer, Steinmetz, Zimmermann, Glaser, Dachdecker, Maler, Schlosser und Tischler.
In dem weiträumigen Festsaal, in dem alljährlich Ende Februar das seit 1356 begangene Matthiae-Mahl für gut 400 Ehrengäste aufgetragen wird, beeindrucken im Jahre 1909 vollendete Wandbilder des Fresken- und Porträtmalers Hugo Vogel zur Stadtentwicklung. Der Phönixsaal spielt auf den Großen Brand von 1842 an, aus dem Hamburg wie der namensgebende legendäre Vogel aus der Asche wieder auferstand. *Hammonia* – die

Zum Senatsgehege gehört der Sitzungssaal des Senats (oben). Das Matthiae-Mahl am 24. Februar auf Einladung des Bürgermeisters wird seit 650 Jahren begangen (Mitte). Turmsaal mit opulenten Gemälden (unten). Am Rathausmarkt findet jedes Jahr ein Weihnachtsmarkt statt (rechts unten). Im Gewölbekeller unter dem Rathaus lässt sich gut speisen (rechts oben).

Schutzpatronin Hamburgs – erhebt sich auf einem Gemälde über den Trümmern der Stadt. Der Saal der Republiken oder Turmsaal sieht die Hansestadt im Erbe berühmter Stadtrepubliken. Gemälde zwischen den Säulen zeigen allegorische Darstellungen von Amsterdam, Venedig, Rom und Athen. Über dem Turmsaal erhebt sich der 112 Meter hohe Rathausturm. Der Kaisersaal zeigt den preußischen Herrscher Wilhelm II., wie er 1895 den nach seinem Großvater benannten Kaiser-Wilhelm-Kanal, den heutigen Nord-Ostsee-Kanal, einweiht. Auf dem großen Deckengemälde symbolisiert ein Handelsschiff den »Triumph der deutschen Flagge« auf den Weltmeeren. Das Waisenzimmer dekorieren Kerbholzschnitzereien an Wänden und Türen, die 80 Jungen des Hamburger Waisenhauses in fünfjähriger Arbeit fertigten. Im *Senatsgehege*, dem engeren Bereich der Stadtregierung, findet man auch die Ratsstube, den getäfelten Sitzungssaal des Senats. Der Bürgermeistersaal imponiert mit einem prächtigen Kamin und einem langen Tisch, der auch bei Eintragungen ins Goldene Buch der Stadt zu Ehren kommt. Darüber thront die bronzene Figur der sitzenden Geschichtsmuse Klio, die Namen bedeutender Hamburger in ein Stammbuch einträgt. An der Figur hat 1897 auch der junge Ernst Barlach mitgearbeitet. Protokollarisch wichtig war, vor allem in vergangenen feudalen Zeiten, dass der republikanische Bürgermeister beim prunkvollen Treppenhaus am Übergang zum Großen Festsaal seine Staatsgäste stets auf der obersten Stufe begrüßte. Der Deckenfries im pompösen, mit Marmor und Goldverzierungen dekorierten Treppenaufgang zur Bürgerschaft zeichnet den idealisierten Lebensweg eines Hamburgers vom Bürgereid bis zum Waffendienst nach. Im Plenarsaal, zu dem von der großen Eingangshalle eine prachtvolle Treppe führt, tagt die Bürgerschaft, das Parlament des Bundeslandes Hamburg. Im Vergleich zu den Repräsentationsräumen herrscht hier eine eher nüchterne Atmosphäre.

Rathaus und Börse Wand an Wand

Nach dem Großen Brand von 1842 wurde für das neue Gebäude ein Bauplatz an der Rückseite der Börse gewählt. Auf Initiative Hamburger Kaufleute schon 1558 gegründet, stand Letztere zunächst nahe der Trostbrücke. Auf den heutigen Standort zog sie erst 1841. Der spätklassizistische kantige Bau konnte beim Großen Brand ein Jahr später gerettet werden. Nach dem Auszug des Börsenparketts vor einigen Jahren dient das repräsentative Gebäude, in dem auch die Handelskammer und die Commerzbibliothek ihren Sitz haben, für Veranstaltungen und Empfänge. Kürzlich unter der Handelskammer entdeckte Überreste des ehemaligen Franziskanerklosters St. Maria Magdalenen aus dem 13. Jahrhundert werden gerade für die Öffentlichkeit zugänglich gemacht.

Der gemeinsame Innenhof von Rathaus und Börse ist im Sommer ein beliebter Platz für Open-Air-Konzerte. Lange wurde er vor allem als Parkplatz genutzt. Dabei bildet er mit dem 1896 fertiggestellten Hygieia-Brunnen in seinem Zentrum und den dekorativen rückwärtigen Gebäudefassaden einen der schönsten Plätze der an Brunnen armen Stadt. Der Brunnen wurde der griechischen Göttin der Gesundheit gewidmet, und nicht wie ursprünglich geplant Merkur, dem Gott des Handels. Schließlich waren bei der Choleraepidemie 1892 vor allem im eng bebauten Gängeviertel 17 000 Menschen erkrankt und 8600 verstorben. So sprudelt aus einer von der barbusigen bronzenen Gesundheitsgöttin gehaltenen Schale frisches Wasser, sinnbildlich für die seinerzeit in aller Eile erbaute Filteranlage für Trinkwasser aus der Elbe. Aus sechs Gebäudenischen des Rathauses schauen Statuen von zwölf Bischöfen, die für Hamburg von Bedeutung waren, auf das Treiben zu ihren Füßen.

Der Rathausmarkt

Der rechteckige, von Rathaus, Büro- und Geschäftsgebäuden sowie der kleinen Alster gesäumte Rathausmarkt ist bis auf einige Kioske leer. Er wird nur für besondere Veranstaltungen freigegeben, wie für das seit 25 Jahren stattfindende Stuttgarter Weindorf Anfang Juli, das sommerliche Open-Air-Kino oder den großen Weihnachtsmarkt in der Adventszeit. An seinem südlichen Ende blickt die Skulptur eines nachdenklichen Heinrich Heine auf den großen Platz. Das erste Denkmal für den Dichter ließen die Nazis 1933 niederreißen und einschmelzen. Von 1933 bis 1945 war der Rathausmarkt in Adolf-Hitler-Platz umbenannt. Sein Nordende begrenzt das Wasserbecken der Kleinen Alster, in dem eigentlich immer einige Schwäne schwimmen, und ein 1931 geschaffenes Monument mit dem Relief einer trauernden Mutter mit Kind, das der 40 000 getöteten hamburgischen Soldaten des Ersten Weltkrieges gedenkt. Inzwischen dient die Stele als offizielles Mahnmal der Stadt für die Gefallenen beider Weltkriege.

LEBEN UND TREIBEN RUND UM DEN RATHAUSMARKT

Wenn die Bürgerschaft nicht gerade tagt, werden Führungen durch die schönsten der rund 600 Räume des Bauwerks angeboten. Gleich rechts daneben zeigt das *Bucerius Kunst Forum* hochkarätige Kunstausstellungen zu wechselnden Themen. Am südlichen Ende des Rathausmarktes verkauft Ernst Brendler seit 1879 Marine- und Tropenausrüstung. Dunkelblauer Blazer, tropentauglich? Kein Problem. Original Panamahüte aus Ecuador? Sind in allen Größen vorrätig. Hier gibt es keinen modischen Schnickschnack, sondern reelle Ware, die sich in der weiten Welt bewährt. Im Restaurant *Parlament* (www.parlament-hamburg.de) direkt unter dem Rathaus wird deutsche Küche serviert, mit besonderer Vorliebe Rheinländisches. Dazu gibt es eine gute Weinauswahl, an der Bar mixt man bunte Cocktails. Gleich um die Ecke bietet das Café Paris (www.cafeparis.net) im schönsten Café-Bistro der Stadt Pariser Flair.

WEITERE INFORMATIONEN

Bucerius Kunst Forum: Rathausmarkt 2, www.buceriuskunstforum.de
Ernst Brendler Tropenausrüstung: Gr. Johannistr. 15, www.ernst-brendler.de
Rathausführungen: www.hamburgische-buergerschaft.de

Über eine halbe Million Passanten strömen täglich durch das verglaste riesige Atrium der Europa Passage, die die Mönckebergstraße mit der Alster und dem Jungfernstieg verbindet (oben). In den Einkaufspassagen findet man auch Ausgefallenes, Spiegel und Jugenstildekor (oben rechts). Cafés laden im überdachten Hanseviertel zur Erholungspause ein (rechts).

2 Einkaufspassagen

Shopping vom Feinsten

Dort, wo die Alster den letzten Anlauf nimmt, um durch die City in die Elbe zu fließen, staut sie sich ein letztes Mal zur kleinen, fast rechteckigen Binnenalster. Der Jungfernstieg – einst nach den heiratsfähigen »Jungfern« benannt, die hier am Wochenende sittsam mit der Familie flanierten – ist gleichzeitig Zugang zu einigen der bekanntesten Einkaufspassagen, für die Besucher bis aus Skandinavien anreisen.

Der Neue Wall mit seinen denkmalgeschützten Jugendstilfassaden gehört zu den edelsten Einkaufsstraßen Europas. Breite Fußwege aus Granit, dekoratives Blumendekor und ein privater Ordnungsdienst auf trendigen Segways heben das Shoppingquartier von anderen ab. Hier reihen sich die Flagshipstores internationaler Modemarken aneinander: Escada, Jil Sander, Joop!, Gucci, Louis Vuitton oder St.Emile. Die dazu passenden HiFi-Anlagen gibt es bei Bang & Olufsen, luxuriöse Schreibgeräte bei Montblanc, avantgardistische Brillen bei Belle Vue und kreative, farbenfrohe Schmuckkreationen bei Frey Wille.

Ganz am Ende des Neuen Walls – Ecke Stadthausbrücke – fällt ein repräsentatives Gebäude mit rundem Turm und Kuppel ins Auge. Das mehrfach umgebaute und erweiterte Görtz-Palais (1710) des Gesandten des Herzogs von Schleswig-Holstein-Gottorf diente schon während der französischen Besetzung von 1811 bis 1814 als Rathaus und war danach für einige Zeit Sitz der Stadtverwaltung und der Polizei. Anfang März 1933, kurz nach der Machtübernahme Hitlers in Berlin, richtete die Gestapo in dem Gebäude ihre Zentrale ein. Stellvertretend für zahlreiche hier gefolterte und getötete Hamburger erinnern drei in den Gehweg eingelassene bronzene »Stolpersteine« an die bei Verhören Ermordeten.

Von hanseatisch gediegen bis international flippig

Die benachbarten Großen Bleichen sind eine beliebte Einkaufsstraße und gleichzeitig Zugang zu mehreren City-Passagen, in denen selbst Gewitter und Hagelschlag das Einkaufserlebnis nicht beeinträchtigen können. Im schicken Hanseviertel locken mehrere Dutzend Geschäfte, die von edlen Schreibpapieren bis zu Edelbränden alles Mögliche anbieten. Der *Hamburger Hof* zwischen Jungfernstieg und Poststraße entstand schon nach dem großen Stadtbrand 1842 neu als *Sillems Bazar*, eine der glanzvollsten Einkaufspassagen Europas. Heute bietet er trendige Lichtinstallatio-

nen, dazu Modegeschäfte, eine Weinboutique und Parfümerien. Die Galleria zwischen Großen Bleichen und Bleichenfleet kommt ganz verspielt im Art-déco-Look mit schwarzem und weißem Marmor daher und bietet Boutiquen, Mode- und Schmuckmanufakturen sowie Bistros und Restaurants einen exklusiven Rahmen. Die Gänsemarktpassage zieht besonders jüngere Leute an, die auf zwei Stockwerken coole Mode, Schuhe, Sportkleidung, Schmuck, Uhren und Restaurants finden. Die 2006 eröffnete *Europa Passage* ist Hamburgs größte innerstädtische Shopping Mall. 120 Läden auf fünf Decks und über 20 Restaurants, Cafés und Gaststätten finden in der lichtdurchfluteten Passage unter riesigen Stahlbögen und dem Glaskuppeldach zwischen Mönckebergstraße und dem neu gestalteten Jungfernstieg Platz. Exklusive Papierwaren gibt es hier, Schuh- und Modegeschäfte, Spielzeug, Juwelen, eine Ticketvorverkaufsstelle, eine Gemäldegalerie sowie ein einzigartiges Geschäft für Kuchen- und Ausstechformen.

Shopping als soziales Projekt

Die Passage direkt unter dem Rathausmarkt ist ein soziales Projekt des Diakonischen Werks der evangelischen Kirche, die ehemaligen Langzeitarbeitslosen den Wiedereinstieg in die Arbeitswelt erleichtert. Hier kann man im Eine-Welt-Laden einkaufen, im Antiquariat mit mehr als 50 000 gespendeten Büchern stöbern oder im Bistro essen gehen.
Das ABC-Viertel – benannt nach einer der ältesten Straßen Hamburgs, der ABC-Straße – erstreckt sich zwischen Gänsemarkt und Großen Bleichen. Die Jugendstil- und Backsteingebäude aus dem 19. Jahrhundert sind eine gute Adresse für Kunst und Antiquitäten sowie Mode- und Lifestyle-Geschäfte, in denen sich auch internationale Marken wie Chanel oder Prada am richtigen Ort fühlen. Dank vieler Edelboutiquen ist das Viertel auch als *Quartier Satin* bekannt.

SHOPPING-MAGNET EINKAUFSPASSAGEN

Hanseviertel, *Europa Passage*, Jungfernstieg, Mönckeberg- und Spitalerstraße üben eine magische Anziehungskraft auf alle aus, die der Kauflust frönen wollen. Die exklusiven Hamburger Shopping-Malls sorgen auch bei Regen für grenzenloses Konsumvergnügen inklusive Zwischenstopps in kulinarischen Oasen. Hier sind alle großen Designerlabels in hoher Dichte vertreten. Wer mittags eine Pause einlegen will, trifft in der *Bank* (Hohe Bleichen 17, www.die-bank-brasserie.de), einem originellen Treffpunkt zum Lunch und Dinner in der ehemaligen Kassenhalle einer Privatbank, Angestellte aus umliegenden Kaufmannskontoren. Serviert werden hervorragend zubereitete Bistrogerichte und ab 22 Uhr beste Drinks an der exzellenten Bar mit 20 Meter langem Tresen.

WEITERE INFORMATIONEN

ABC-Viertel: www.abc-viertel.com,
Europa Passage: www.europa-passage.de,
Galleria: www.galleria-hamburg.de,
Gänsemarkt Passage: www.gaensemarkt-passage.de,
Hamburger Hof: www.hhof-passage.de,
Hanseviertel: www.hanseviertel.de,
Neuer Wall: www.neuerwall-hamburg.de,
Rathaus Passage: www.rathauspassage.de

3 Jungfernstieg und Binnenalster

Noble Adresse zum Einkaufen und Flanieren

Für viele ist der Jungfernstieg der schönste Einkaufsboulevard Deutschlands. Begrenzt durch das südliche Ufer der fast quadratischen Binnenalster und die repräsentative Phalanx von Gründerzeitgebäuden, bietet sich ein Ausblick auf das Gewässer mit der Alsterfontäne als markantem Akzent, umgeben von Nobelhotels und wuchtigen Bürogebäuden zu beiden Seiten. Vom Anleger starten die Alsterdampfer zu ihren Rundfahrten.

Konsumtempel: das *Alsterhaus* am Jungfernstieg (oben). Edle Geschäfte reihen sich am Neuen Wall aneinander (unten). Am Jungfernstieg starten die Alsterdampfer zu ihren Rundfahrten (rechts).

Dort, wo einst honorige Hamburger Familien am Sonntag mit ihren heiratsfähigen Töchtern, den Jungfern, lustwandelten, sind deren Nachfahren und Stadtbesucher heute eher auf Einkaufsbummel. Diverse schicke und traditionsreiche Geschäfte säumen den Jungfernstieg im Süden der Binnenalster. Im Sommer erfreut der Blick auf den 60 Meter hohen Wasserstrahl inmitten der Binnenalster die Flaneure, im Winter funkeln dort die Lichter eines Weihnachtsbaums, der auf einem Ponton zur Adventszeit einen vorübergehenden Platz findet. Für den Licht- und Wasserzauber sorgen Spenden, die Stadtkasse muss dafür nicht bluten.

Cappuccino mit Wasserfontäne

Bis 1625 hieß die Straße noch Reesedamm, nach dem Müller Heiko Reese benannt, der dort viele Jahre zuvor den Abfluss der aufgestauten Alster zum Kornmahlen genutzt hatte. Schon um 1235 legten die Hamburger einen Damm quer zum Alsterfluss und stauten einen Mühlenteich, der sich bald zu einem See erweiterte. An den tüchtigen Müller erinnert noch immer ein allerdings recht kleiner Reesendamm an einem kurzen Uferstück der kleinen Alster gegenüber den Alsterarkaden.

Sobald es das Wetter zulässt, sind die weitläufigen Terrassen des Alsterpavillons auf der zur Alster gewandten Straßenseite dicht bepackt. Das Café-Bar-Restaurant *Alex* mit der guten Aussicht gehört zu den umsatzstärksten Gastronomiebetrieben der Stadt. Und das nicht erst seit heute. Schon Heinrich Heine hat sich hier bei einer Tasse Kaffee zu lyrischen Zeilen inspirieren lassen.

Im schicken Alsterhaus direkt am Jungfernstieg kaufen die Hamburger schon seit 1912 ein. Es gehörte bis zur »Arisierung« 1935 durch die Nazis dem deutsch-jüdischen Kaufmann Oskar Tietz. Auf 24000 Quadratmetern des heute zum Karstadt-Konzern gehörenden Nobelkaufhauses werden Waren aller Art,

SUSEBEK
BREDENBEK

Im *Hotel Atlantik* ist die Welt zu Gast (oben). Boutiquen internationaler Modemarken sind am Neuen Wall aufgereiht (unten). Prachtvolle Alsterarkaden säumen das Becken der Kleinen Alster, in dem eigentlich immer Schwäne zu finden sind (rechts unten). Der Tisch ist gedeckt in der Sterneküche des Hotels *Vier Jahreszeiten* (rechts oben).

viele im gehobenen Preissegment, angeboten. Der Feinschmecker-Boulevard in der vierten Etage führt an verführerischen Feinkostauslagen, Champagner und Kaviar-Bars und einem exzellenten Weinangebot entlang.

Noble Adresse

Das einem weißen Schloss ähnelnde Nobelhotel *Vier Jahreszeiten* am Neuen Jungfernstieg lenkt die Blicke auf sich. Seit 1897 empfängt es in seinen inzwischen 150 luxuriösen, aber nicht protzigen Zimmern und Suiten betuchte und berühmte Gäste. Schon in den Anfangsjahren gehörten Nobilitäten wie Prinz Heinrich von Preußen zu den Stammgästen. Während des Ersten Weltkrieges hatte hier das Oberkommando der Küstenverteidigung seinen Sitz, 1918 übernahm ein Arbeiter- und Soldatenrat kurzfristig das Kommando. Bald wurde das nach der Eigentümerfamilie benannte Hotelrestaurant *Haerlin* eröffnet. Schnell avancierte es zur Hamburger Feinschmeckeradresse, die es bis heute geblieben ist. Nach der Machtübergabe an die Nazis 1933 blieb die Atmosphäre im Hotel zunächst kaum getrübt. Infolge Fritz Haerlins Linientreue verkehrten dort führende Nazis wie der Chef der Arbeitsfront Ley oder Himmler, die den Luxus des Hotels zu schätzen wussten. Nach dem Zweiten Weltkrieg nutzte die britische Armee das kaum beschädigte Gebäude als Hauptquartier. Der als Mitläufer eingestufte Haerlin durfte 1952 das Hotel wieder übernehmen. Schnell wurde es erneut zum Treffpunkt illustrer Gäste. Theodor Heuß, Heinz Rühmann, Carl Zuckmayer, Maria Callas, Aristoteles Onassis, der italienische Startenor Luciano Pavarotti, Deutsche-Bank-Direktor Hermann Josef Abs oder der Puddingkönig und Reeder Rudolf August Oetker gehörten dazu. Heute ist das Grandhotel Mitglied der Raffles-Hotelgruppe.

Gleich daneben residiert der exklusive Übersee-Club im restaurierten Amsinck-Palais. Die Vereinigung zur Förderung des Austausches von Wirtschaft und Wissenschaft wurde 1922 vom Bankier Max Warburg gegründet, hält etwas auf Tradition und gute Manieren, auch im Geschäftsleben, und sieht sich international ausgerichtet in einer demokratischen Tradition. Dazu gehört auch, dass Redner an Vortragsabenden kein Honorar erhalten. Dennoch reicht die Referentenliste von Konrad Adenauer bis zum Kardinal Ratzinger, von Yasser Arafat bis zur Gräfin Dönhoff. Rund 2200 Mitglieder hat der einflussreiche frühere *Gentlemen's Club*, inzwischen gibt es auch 200 weibliche Mitglieder.

Vom Neuen Jungfernstieg zweigt die Fußgängerzone der Colonnaden ab, die das Viertel schräg bis zum Stephansplatz durchschneidet. Die heutigen Bürogebäude im Gründerstil – mit Geschäften, Cafés und Restaurants unter Arkaden – wurden 1877 als herrschaftliche Wohnhäuser in einer Privatstraße angelegt.

Die Lombardsbrücke begrenzt die Binnenalster gemeinsam mit der dahinter liegenden parallelen Kennedy-Brücke nach Norden. Erst der Bau der Wallanlagen ab 1615 zerschnitt Hamburgs früheren Mühlenteich in die heutige Außen- und Binnenalster. Die 1865 erbaute Brücke mit ihren dekorativen Kandelabern ist nach einem früher hier gelegenen Pfandhaus benannt.

»Mein Feld ist die Welt«

Der Ballindamm verbindet die Lombardsbrücke mit dem Jungfernstieg. Die Geschäftsräume verschiedener Banken haben hier eine repräsentative Adresse gefunden, schon fast am Jungfernstieg öffnet sich der Zugang zur *Europa Passage*, die seit ihrer Eröffnung 2006 bis zur Mönckebergstraße führt. Erst seit 1947 ist der frühere Alsterdamm nach dem deutschen Reeder Albert Ballin benannt, dabei residiert die Reederei Hapag Lloyd schon seit 1903 in einem wuchtigen, nach dem Vorbild von Renaissancepalästen mit Säulen, Steinstatuen und Bronzeskulpturen dekorierten Bau. Im imposanten Foyer des Ballin-Hauses prangt noch immer der Wahlspruch Albert Ballins »Mein Feld ist die Welt«. Unter seiner Direktion ab 1899 wuchs die Hamburg-Amerikanische Packetfahrt-Actien-Gesellschaft (HAPAG) mit 174 seegängigen Schiffen zur größten Reederei der Welt, die auch viele Zehntausende von Auswanderern in die USA beförderte. In der Ballinstadt auf der Veddel warteten die Menschen auf ihre Abfahrt. Als der aus einer jüdischen Familie stammende Unternehmer, Monarchist und Patriot am Ende des Ersten Weltkrieges die deutsche Niederlage und die gleichzeitige Ausrufung der Republik erleben musste, nahm er sich das Leben.

Einer der beiden Alsterarme, die vom Jungfernstieg in Kanälen und durch Schleusen zur Elbe fließen, verströmt ein geradezu italienisches Ambiente. Der Architekt Alexis de Chateauneuf ließ nach dem verheerenden Großen Brand von 1842 am Ufer des hier verbreiterten und *Kleine Alster* genannten Kanals Arkaden mit schmiedeeisernen Lampen und geschwungenen Bögen bauen, die den noch immer zahlreichen edlen Geschäften und einigen Cafés und Restaurants einen repräsentativen, mediterranen Rahmen verleihen.

GUTE AUSSICHTEN AN DER BINNENALSTER

Es lohnt sich, den Weg von den Alsterarkaden zum Neuen Wall durch die kleine, nach einem hier früher ansässigen Krämerladen benannte *Mellin-Passage* zu wählen. Ein Blick von den Auslagen exquisiter Geschäfte, darunter eines Verkaufsladens der Königlichen Porzellanmanufaktur Berlin oder der Traditionsbuchhandlung Felix Jud, an die Decke offenbart wunderbare Jugendstilfresken aus der Zeit um die Wende zum 20. Jahrhundert.

Wer etwas Zeit hat, sollte eine Tour auf der Alster oder ihren vielen Nebenkanälen und Zuflüssen mit den weißen Alsterdampfern unternehmen. Sie starten gleich am Anleger Jungfernstieg.

Für Liebhaber feiner Tees und englischer Lebensart ist der nachmittägliche High Tea (14–18 Uhr) in der Wohnhalle des Hotels Vier Jahreszeiten mit Scones, Sandwiches und süßen Leckereien in der Etagere ein Pflichttermin.

WEITERE INFORMATIONEN

Alstertouristik: www.alstertouristik.de,
British High Tea: www.hvj.de,
Hotel Atlantic Kempinski:
An der Alster 72–79, 20099 Hamburg,
www.kempinski.com

Lessing wacht am Gänsemarkt – in Bronze (oben). Putten zieren die Fassade der Laeisz-Musikhalle (unten). Winterliche Stimmung auf dem Gänsemarkt, im Hintergrund die Fußgängerpassage Gerhofstraße (rechts oben). Dekorativer Eingang der Finanzbehörde, 1919 in klassischer Klinkerarchitektur von Fritz Schumacher konzipiert (rechts unten).

4 Gänsemarkt, Musikhalle, Staatsoper

Verkehrsknotenpunkt mit Kultur

Ein Kreuzungspunkt für Straßen und Wege war der Platz seit eh und je, aber Gänse wurden hier nie gehandelt, auch ein Markt hat hier nicht stattgefunden. Sein freundlicher Name geht auf einen Vorbesitzer des Geländes aus dem 17. Jahrhundert, Andreas Goosen, zurück und könnte mit »Goosens Gemarkung« übersetzt werden. Die Dichterstatue von Lessing ist ein beliebter Treffpunkt, um sich zu verabreden.

Ein sitzender bronzener G. E. Lessing blickt, zuweilen mit einer Taube auf dem Kopf, ungerührt auf das Treiben um ihn herum. Zu seinem 100. Todestag 1881 setzten ihm die Hamburger dieses Denkmal, nicht weit von seinem kurzzeitigen Arbeitsplatz im Hamburger Nationaltheater. Dabei war sein Aufenthalt in der Hansestadt zwiespältig und kurz gewesen. Als Chefdramaturg hatte er ganz im Sinne der Aufklärung ab 1767 für drei Jahre den kurzlebigen Versuch, ein Hamburger Nationaltheater zu begründen, unterstützt.

Lessing – ein Hamburger Jung

Seine *Minna von Barnhelm* erlebte hier ihre Uraufführung. Zu seinen Hamburger Freunden gehörten Mathias Claudius und Friedrich von Klopstock, auch Johann Friedrich Struensee aus Altona zählte zu Lessings aufklärerischen Freunden. Der Mediziner und Anhänger der Aufklärung wurde später Leibarzt des dänischen Königs und einer der mächtigsten Minister am Kopenhagener Hofe, bis ihn eine Intrige des konservativen Adels und der Geistlichkeit zu Fall brachte und er hingerichtet wurde. In Hamburg trat Lessing 1771 auch der Freimaurerloge *Zu den drei Rosen* bei, deren Symbole ebenfalls auf dem Denkmal zu sehen sind. Hier lernte er seine spätere Ehefrau Eva König kennen, die er 1776 in Jork im Alten Land heiratete. Das Nationaltheater am Gänsemarkt, auch »Hamburgische Entreprise« genannt, hatte von Anfang an mit finanziellen Problemen zu kämpfen und konnte nur zwei Spielzeiten lang existieren. Lessing musste sich danach als Bibliothekar in der berühmten Herzog-August-Bibliothek von Wolfenbüttel wieder in die Dienste des Adels begeben. Dort, wo zu Lessings Zeiten im Hamburger Nationaltheater versucht wurde, einheimische Stücke in deutscher Sprache und nicht vorzugsweise französische Dramen und italienische Opern auf die Bühne zu bringen, errichtete die UFA später einen ihrer Kino-Paläste. Heute sind selbst diese Spuren verschwunden. Ein schnödes Bürohaus hat die Musen

ROLEX
BECKER
JUWELIERE & UHRMACHER
TRAURINGE
L'OREAL

Kunst und Dekor aus Backstein sind im Kontorhausviertel der Hamburger Innenstadt häufig zu sehen (oben und Mitte). Eine »Hommage an Brahms« auf dem Johannes-Brahms-Platz vor der Musikhalle (rechts unten). Die Staatsoper residiert in einem schnörkellos gehaltenen, funktionalen Bau von 1957 (rechts oben).

besiegt. Die Stadtbäckerei im Nachbargebäude, auch am Gänsemarkt, könnte auch Lessing schon gekannt haben.
Sie kann auf eine lange Tradition zurückblicken. Schon 1650 wurde hier eine Backstube eröffnet.

Die erste Bürgeroper in Deutschland

Gleich rechts um die Ecke sorgt die Staatsoper Hamburg mit sehenswerten Aufführungen für Aufsehen. Ab 1919 wurde hier das mehrspartige *Stadt-Theater* zu einer reinen Musikbühne, die ab 1934 *Hamburgische Staatsoper* hieß. Musikliebende Hamburger Kaufleute hatten schon 1678 einen Vorgängerbau am Gänsemarkt finanziert, auch wenn (nicht nur) in Hamburg pietistische Pastoren noch lange gegen das neue, ihrer Meinung nach zu sinnliche Musiktheater wetterten. Musikalische Werke sollten ihrer Meinung nach allein einen religiösen Hintergrund behalten. Ergänzt wurde der aufklärerische Charakter des ersten deutschen bürgerlichen Opernhauses noch durch die Tatsache, dass Opernaufführungen nicht wie bisher einem adligen und höfischen Publikum vorbehalten waren. In dem Bürgertheater fand, heute eine Selbstverständlichkeit, jeder Zutritt, der den Eintrittspreis gelöst hatte. Die wechselvolle Geschichte des Opernhauses erlebte in der Nazizeit einen Tiefpunkt, als die Intendanz gleichgeschaltet und das Opernhaus von Sängern, Musikern, Technikern aus jüdischen Familien »gesäubert« wurde. Als Anfang August 1943 das Zuschauerhaus, von Brandbomben getroffen, abbrannte, konnte immerhin das Bühnenhaus gerettet werden. Grundlage dafür, Anfang 1946 die Oper mit einem provisorischen Zuschauerparkett und Mozarts *Hochzeit des Figaro* wiederzueröffnen. Das heutige Opernhaus in der Dammtorstraße geht auf einen sachlich, funktional wirkenden Neubau aus den 1950er-Jahren zurück.
Bekannte Musiker haben das Musiktheater im Laufe seiner Geschichte geprägt. Georg Philipp Telemann arbeitete neben seiner Tätigkeit für die Hamburger Hauptkirchen auch für die Oper am Gänsemarkt, Anfang des 18. Jahrhunderts sogar mehrere Jahre als deren Leiter. Georg Friedrich Händel spielte ab 1703 im Opernorchester erst Violine, dann Cembalo; er dirigierte und komponierte während seiner Hamburger Zeit drei Opern. Christoph Willibald Gluck inszenierte in Hamburg, und 1830 gab Paganini sein erstes Hamburg-Konzert. Richard Wagner inszenierte hier 1844 seinen *Rienzi*. Gustav Mahler übernahm 1891 für sechs Jahre den Posten des Ersten Kapellmeisters. Im Jahr 1910 dirigiert Otto Klemperer den *Lohengrin*. Zu den vielen herausragenden Musikern und Intendanten zählte nach dem Zweiten Weltkrieg auch Rolf Liebermann, dessen 14-jährige Ära 1959 begann.

Ballett vom Feinsten

Das Hamburg-Ballett John Neumeier tanzt regelmäßig in der Staatsoper. Seit der gebürtige US-Amerikaner 1973 die Leitung des Ensembles übernommen hat, hat er das vorher nicht herausragende Hamburg-Ballett zu einer der führenden Compagnies in Europa ausgebaut. Das moderne Balletttheater mit einem Ensemble von knapp 50 Tänzerinnen und Tänzern gibt neben internationalen Gastspielreisen jährlich rund 80

Vorstellungen in der Hamburgischen Staatsoper. Neumeier führte Ballettwerkstätten mit öffentlichem Training und die *Hamburger Ballett-Tage* mit abschließender Nijinsky-Gala ein, die seit 1975 zu den begehrtesten Veranstaltungen der Staatsoper gehören. Doch wer eine der Ballett-Aufführungen besuchen möchte, sollte nicht zu lange zögern, meist sind die Aufführungen lange vorher ausgebucht. Auch das Ausbildungszentrum in einem früheren Mädchengymnasium der Stadt genießt einen internationalen Ruf und hat eine Fülle von herausragenden Tänzern hervorgebracht.

Die Hamburger Musikhalle

Yehudi Menuhin geigte als Wunderkind auf der Bühne, Jimi Hendrix hat hier schon seine Fender-Stratocaster-Gitarre mit den Zähnen bearbeitet, Anna Netrebko verzauberte das Publikum mit ihrer Stimme. In der Musikhalle, nach dem Reeder- und Stifterehepaar Sophie und Carl Laeisz benannt, treten seit mehr als 100 Jahren die Musikgrößen der Welt auf. Der große schuhschachtelförmige Konzertsaal fasst gut 2000 Zuhörer, ein kleinerer noch einmal 640 Plätze. Das prächtige Foyer mit seinen Stuckverzierungen ist in neobarockem Stil gestaltet. Zwei Kunstwerke auf dem Platz vor dem Konzertbau erinnern an Johannes Brahms, den großen Komponisten der Romantik im 19. Jahrhundert: ein wuchtiger Granitkubus mit vier reliefartigen Ansichten von Brahms in unterschiedlichen Lebensabschnitten des Künstlers Thomas Darboven und die Bronzeskulptur *Hommage an Brahms* der Bildhauerin Maria Pirwitz, die das musikalische Werk des Komponisten versinnbildlichen soll. Johannes Brahms wurde nicht weit entfernt von der Musikhalle, in der Speckstraße der Neustadt geboren.

KULTUR FÜRS HAMBURGER BÜRGERTUM

Die Hamburger Musikhalle ist wieder nach ihrer Stifterin, der Reederfamilie Laeisz in Laeiszhalle umbenannt. Nicht weit entfernt wird in der Hamburger Staatsoper (Große Theaterstr. 25) klassische Oper von Verdi bis Wagner geboten. Viele gehen danach (oder mittags) ins *Casse Croûte*, einem klassischen Bistro seitlich der Gänsemarktpassage mit deutsch-französischem Repertoire von Königsberger Klopsen bis zum Ochsenschwanzragout. Ungewöhnlich und auch den meisten Hamburgern unbekannt ist das Klingende Museum mit Räumen voller Musik. In der Sammlung gibt es Streich- und Zupf-, Holzblas-, Blechblasinstrumente und Schlagwerk. Jedes vorgestellte Instrument darf ausprobiert werden. Das Museum ist für Gruppen, Familien oder auf Anmeldung zu den »klingenden Samstagen« zugänglich.

WEITERE INFORMATIONEN

Casse Croûte: www.casse-croute.de,
Hamburger Staatsoper: www.hamburgische-staatsoper.de, www.hamburgballett.de,
Klingendes Museum: Dammtorwall 46, www.klingendes-museum-hamburg.de,
Laeiszhalle: Johannes-Brahms-Platz, www.elbphilharmonie.de

Der Hamburger Hauptbahnhof (oben) und der benachbarte Zentrale Omnibus-Bahnhof (unten) gehören zu den wichtigen Verkehrsknotenpunkten der Stadt.

5 Hauptbahnhof

Industriedenkmal und Weltstadtbahnhof

Von acht Bahnsteigen gehen Züge nach Lüneburg, Kopenhagen oder Zürich, eine halbe Million Fernreisende nutzt den Hamburger Hauptbahnhof jährlich. Vor mehr als 100 Jahren, am 6. Dezember 1906, wurde die »Kathedrale des Eisenbahnverkehrs« eröffnet.

Eine 37 Meter hoch aufragende Stahl-Glas-Konstruktion überspannt die Bahnsteige, Einkaufspassagen, Restaurants und das Gewimmel der Menschen wie ein riesiges Gewölbe. Als noch Dampflokomotiven mit ihren Waggons in den Bahnhof fuhren, konnten Bahnhofsbesucher froh sein, dass sich Dampf, Rauch und Ruß in die oberen Gefilde verzogen.
Heute erreichen rund 700 Fern- und Regionalzüge den Bahnhof, hinzu kommen rund 1000 Ankünfte der S-Bahn als Teil des Hamburger Verkehrsverbundes.
Der Bau des zentralen Bahnhofs wurde kurz nach der Jahrhundertwende begonnen. Einst stand hier die Festung *Hieronymus*. Vorher besaß Hamburg mehrere Kopfbahnhöfe, den Berliner Bahnhof bei den heutigen Deichtorhallen, den Altonaer Bahnhof beim heutigen Altonaer Rathaus, den Klostertor-, den Lübecker sowie den Hannoveraner genannten Venloer Bahnhof. Eigentlich hatten die Architekten einen Bau mit vielen damals aktuellen Jugendstilelementen im Sinn gehabt, doch als Kaiser Wilhelm II. den Entwurf »einfach scheußlich« fand, wurde er im Sinne der Neorenaissance abgeändert.

Geheimnisvoller Bunker

Tief unter dem Hauptbahnhof liegt noch ein besonderes Geheimnis. Fast vier Meter dicke Betonwände sollten rund 2500 Menschen in dem von 1941 bis 1944 gebauten Luftschutzbunker Schutz bieten. In Bombennächten stauten sich bis zu 7000 Menschen in der 2100 Quadratmeter großen Anlage. In der Zeit des Kalten Krieges in den 1960er-Jahren baute man neue Türen und Technik ein. Der Tiefbunker würde heute bei etwaigen Katastrophen 2700 Menschen beherbergen. Eine Besichtigungstour führt durch einige der 150 Räume.
Das Ohnsorg-Theater, auch überregional bekannt für seine Aufführungen in plattdeutscher Sprache, ist seit 2011 am früheren Hachmannplatz, der in Heidi-Kabel-Platz umgetauft wurde, zu Hause. Heidi Kabel, Henry Vahl, Hilde Sicks und Edgar Bessen gehörten zu den beliebtesten Ensemblemitgliedern am alten Standort an den Großen Bleichen.

INFORMATIONEN: Ohnsorg-Theater: Bieberhaus am Heidi-Kabel-Platz 1, www.ohnsorg.de; Tiefbunker Steintorwall: www.hamburgerunterwelten.de

6 Deutsches Schauspielhaus

Traditionstheater von Weltruf

Das traditionsreiche Theater, seit über 100 Jahren eine der führenden deutschen Sprechbühnen, hat viele berühmte Intendanten und denkwürdige Aufführungen gesehen, darunter auch kontrovers diskutierte.

Berühmte Intendanten wie Gustav Gründgens, Ivan Nagel, Claus Peymann, Peter Zadek oder Frank Baumbauer haben das Deutsche Schauspielhaus geprägt und es zu bundesweiter Bedeutung entwickelt. Andere sind an der schwierigen Aufgabe gescheitert, die Kritik oder das Publikum zufriedenzustellen und allabendlich das Haus zu füllen. Wohlhabende Hamburger Theaterfreunde brachten 1899 eine Million Mark – umgerechnet etwa sechs Millionen Euro – zusammen und gründeten ganz hanseatisch-kaufmännisch eine Aktiengesellschaft, um ein neues Theater zu gründen. Das renommierte Wiener Architekturbüro Fellner und Hermer, das zuvor u.a. das Wiener Volkstheater und das Opernhaus Zürich errichtet hatte, schuf einen repräsentativen Theaterbau für das *Burgtheater an der Alster*, mit dekorativen Anleihen an Barock und Renaissance. Die Fassade schmücken Porträts von Kleist, Lessing, Schiller, Goethe, Shakespeare und Grillparzer. Trotz der enormen Kapazität von 1831 Sitzplätzen war das mit Goethes *Iphigenie auf Tauris* eingeweihte Haus die ersten Jahre stets ausverkauft.

Glanzzeit unter Gründgens

Im Jahre 1933 verstaatlicht und in *Staatliches Schauspielhaus in Hamburg* umbenannt, standen während der Nazizeit vor allem deutsche Klassiker auf dem Spielplan. Nach dem Krieg bis 1949 von der britischen Besatzungsmacht als *Garrison Theatre* genutzt, konnte es erst wieder unter der Intendanz von Gustav Gründgens und mit einem hervorragenden Ensemble an alte Traditionen anknüpfen. Auch die legendäre Faust-Inszenierung mit Will Quadflieg als Faust und Gründgens als Mephisto entstand in dieser Zeit.

Ein Ensemble von rund 70 Schauspielerinnen und Schauspielern spielt auf der Großen Bühne mit dem prachtvollen neobarocken Zuschauerraum und 1196 plüschroten Sesseln, aber auch im Malersaal mit 145 Zuschauerplätzen, im ovalen Foyer des zweiten Ranges, wo 70 Zuschauer Platz finden, im Foyer des ersten Ranges, dem Marmorsaal mit Kronleuchter und Samtvorhängen sowie in der Kantine des Schauspielhauses.

INFORMATIONEN: Deutsches Schauspielhaus: www.schauspielhaus.de

Musen thronen auf der Fassade des Schauspielhauses (oben und unten) vis-à-vis vom Hauptbahnhof.

Der Kunstkubus der Galerie der Gegenwart bietet zeitgenössischer Kunst adäquate Ausstellungsräume. Den auffälligen, 1997 eröffneten Bau hat der Architekt Oswald Mathias Ungers entworfen (oben). Die geometrische Form des Quadrats dominiert die Gestaltung des Gebäudes. Die Innenräume bieten jeweils unterschiedliche Lichtverhältnisse (unten).

7 Hamburger Kunsthalle

Große Kunst vom Mittelalter bis zur Gegenwart

Die Kunsthalle mit der dazugehörigen Galerie der Gegenwart und dem Hubertus-Wald-Forum gehört zu den wichtigsten Kunsttempeln in Deutschland. Alles ist über- und unterirdisch miteinander verbunden.

Nicht nur Berlin, auch Hamburg besitzt eine Museumsinsel. Von drei Straßen und breiten Gleisanlagen eingerahmt, ist das Gebäudeensemble des Hamburg-Kunstmuseums nicht zu übersehen. Der mittlere Altbau wurde 1869 als erste öffentliche Kunstsammlung auf den Wallanlagen eröffnet in einem Neorenaissancegebäude aus gelbem Backstein mit Sandsteinelementen. Ein langer Erweiterungsbau mit grüner Rotunde stammt von 1919. Der strahlend weiße Sandsteinkubus auf rosa Granitsockel der Galerie der Gegenwart wurde 1997 eröffnet.

Publikumslieblinge Caspar David Friedrich und Max Liebermann

In der ständigen Sammlung sind mehr als 700 Werke zu sehen. Schwerpunkte bilden die norddeutsche mittelalterliche Malerei mit den Altären von Meister Bertram und Meister Francke, die niederländische Malerei des 17. Jahrhunderts und die deutsche Malerei des 19. Jahrhunderts. Caspar David Friedrich ist mit so bekannten Werken wie *Das Eismeer* oder *Wanderer über dem Nebelmeer* vertreten, der früh verstorbene Philipp Otto Runge wird mit einem eigenen Saal geehrt. Die Werke des Berliner Künstlers Max Liebermann gehören zu den Publikumslieblingen der Kunsthalle, vor allem die vom damaligen Kunsthallendirektor Alfred Lichtwark in Auftrag gegebenen Hamburger Motive *Terrasse im Restaurant Jacob in Nienstedten* und *Abend am Uhlenhorster Fährhaus*. Hinzu kommt die Klassische Moderne mit Arbeiten von Beckmann, Lehmbruck, Kirchner, Munch oder Klee.

Das Kupferstichkabinett gehört mit mehr als 120 000 Zeichnungen und Druckgrafiken zu den bedeutendsten Sammlungen in Deutschland.

Der Kunstkubus der Galerie der Gegenwart präsentiert zeitgenössische Kunst ab ca. 1960, von der Pop-Art bis heute. Die Stars der zeitgenössischen deutschen Kunstszene wie Neo Rauch und Gerhard Richter sind hier genauso zu finden wie Skulpturen und Modelle deutscher Bildhauer der späten 1980er- und 1990er-Jahre, deutsche Fotografie sowie Video und Neue Medien.

INFORMATIONEN: Hamburger Kunsthalle: www.hamburger-kunsthalle.de

8 Museum für Kunst und Gewerbe

Außergewöhnliche Ausstellungen, riesiger Fundus

Wie ein mächtiges Schloss für die Kunst erscheint das große Museum nicht weit vom Hauptbahnhof. In seinem Fundus sind mehr als eine halbe Million Ausstellungsstücke – Möbel, Geschirr, Mode und Kunsthandwerk – aus vielen Ländern versammelt.

Mehr als 200000 Besucher im Jahr strömen in den Kunstbau vis-à-vis vom Hauptbahnhof. Seine bedeutenden Sammlungen zu Porzellan, Fotografie, Grafik, Produktdesign, Mode, Tasteninstrumenten und zum Jugendstil machen es gleichzeitig zu einem der führenden Museen für Kunst und Design in Europa. Neben Produkten aus Kunst und Gewerbe aus dem europäischen Raum sind besonders die Kunstwerke aus dem fernöstlichen und islamischen Kulturraum bemerkenswert.

Am Anfang war eine Bouillontasse

Eine 1872 erstandene Tasse aus der Königlichen Porzellanmanufaktur im französischen Sèvres begründete den Bestand, der sich durch Käufe und Schenkungen bis heute vergrößert. Plakatkunst, Textil und Mode werden mit Sonderausstellungen interdisziplinär beleuchtet, wie am Beispiel des Modeschöpfers Lee Alexander McQueen (1969–2010) die Mode als Kunstform diskutiert wird. Mit rund 100000 Werken zur Kunstfotografie hat das Museum eine auch international herausragende Sammlung in seinem Fundus, der von der Daguerreotypie bis zur digitalen Bildbearbeitung reicht.

Period Rooms erfassen den Lebensstil bestimmter Epochen wie Rokoko oder Jugendstil wie ein begehbares Kunstwerk, in dem Möbel, Kunstobjekte, aber auch Mode zusammenwirken. Auch die legendäre, vom dänischen Designer Verner Panton geschaffene Kantine des *Spiegel*, die seit den 1960er-Jahren die Mitarbeiter des Nachrichtenmagazins beim Mittagessen bis zum Umzug in das neue Verlagsgebäude beglückte, wird ab 2012 im Museum für Kunst und Gewerbe zu einem begehbaren Denkmal der Kulturgeschichte aufgewertet.

Für Musikinteressierte ist die Musikaliensammlung des Museums ein Muss. Zu den 700 ausgestellten Musikinstrumenten gehören kostbare barocke Lauten und Violen, mit Elfenbein, Ebenholz, Schildpatt und Perlmutt verziert. Dazu kommen Tasteninstrumente vom 16. bis zum 20. Jahrhundert, Piano forte, Cembalo, Spinett oder Klavichord.

INFORMATIONEN: Museum für Kunst und Gewerbe, Steintorplatz, www.mkg-hamburg.de

Das Museum für Kunst und Gewerbe zeigt unter anderem Möbeldesign aus mehreren Jahrhunderten (oben und unten).

Panoramablick über die Stadt und den Hafen. Im Bild links erheben sich die Gebäude der Speicherstadt.

Wechselnde Ausstellungen finden in den umgebauten Räumen der einstigen Markthallen ein interessiertes Publikum, etwa in der Galerie Flo Peters (oben) oder der Galerie Robert Morat (unten). Blick vom Oberhafen auf das Haus der Photographie (rechts unten). Der Highflyer-Fesselballon bietet einen Blick aus der Vogelperspektive (rechts oben).

9 Kunstmeile mit Fotografie

Kunstwerke statt Gemüse

Wo einst en gros mit Tomaten, Kohlköpfen und Blumen gehandelt wurde, haben sich inzwischen die Künste breit gemacht. Auf der Bühne der Markthalle rockten schon AC/DC, Herbert Grönemeyer oder die Scorpions. In den anderen früheren Marktgebäuden können sich Besucher heute an kunstvollen Gemälden und Fotografien sowie an den Kreationen einiger Restaurants erfreuen.

Als die 1616 konstruierte Wallanlage Hamburg vor Angreifern schützte, kontrollierte das Deichtor bei der Bastion Bartholdus den Zugang zur Stadt vom Süden her. Später liefen hier die Züge aus der östlichen Vorstadt Bergedorf und von Berlin in einem Bahnhof ein. Doch um die Wende zum 20. Jahrhundert war der alte Kopfbahnhof überflüssig geworden. Das passte gut, da die Marktplätze am Hopfenmarkt und am Meßberg den Warenansturm an Gemüse und Blumen nicht mehr bewältigen konnten. So fiel die Wahl für einen neuen Großmarkt auf das einstige Bahnhofsgelände, den Deichtorplatz.
Nachdem nun 1984 der Großmarkt und der Blumengroßmarkt im benachbarten Stadtteil Hammerbrook moderne Hallen bezogen hatten, gelang es mit Unterstützung der Hamburger Körberstiftung die Deichtorhallen zu musealen Räumen umzugestalten.
Die Silvesterparty ins Jahr 1977 war der Auftakt für eine bis heute nicht abreißende Reihe von Konzerten, Lesungen und Events im *Kultur- und Kommunikationszentrum Markthalle*. Seitdem haben rund 8000 Bands, Theatergruppen und Einzelkünstler bis dato mehr als drei Millionen Zuschauer angezogen.

Große Vielfalt der Kunst

Die südlich angrenzenden, Anfang der 1920er-Jahre aus Backstein errichteten Markthallen und Verkaufsräume wurden später umgestaltet. Sie beherbergen heute eine Reihe von Galerien und Kunstinstitutionen. Das Kunsthaus mit 500 Quadratmetern Ausstellungsfläche bringt Künstler und deren Werke aus unterschiedlichen Generationen und Ländern zusammen. Es wird getragen vom Verband der bildenden Künstler Hamburgs mit rund 700 Mitgliedern.
Einer der ältesten Kunstvereine Deutschlands mit rund 2000 Mitgliedern aus dem Hamburger Raum hat schon Anfang des 19. Jahrhunderts die »Liebe zur bildenden Kunst« zusammengeführt. In der ersten Ausstellung der Vereinigung kunstsinniger Bürger 1826 wurde u. a.

Caspar David Friedrichs Bild *Eismeer* gezeigt. Der Kunstverein präsentiert vor allem junge internationale Kunst. Ohne permanente Sammlung versucht er in seinen Räumen die etablierten Formate von Kunstausstellungen weiterzuentwickeln, z. B. indem während einer laufenden Ausstellung schon Werke folgender deren Charakter sukzessive verändern. Häufig werden bewusst aktuelle und gesellschaftlich relevante Themen aufgegriffen und mit den Möglichkeiten unterschiedlicher Genres wie Film, Skulpturen, Bildern oder Architektur beleuchtet.

Kunst trifft Natur

Auch die Freie Akademie der Künste, 1950 unter dem Motto »alle Künste unter einem Dach« gegründet, ist heute unter dem Dach der Markthallen zu Hause. Rund 60 Ausstellungen, Vorträge und Lesungen veranstalten die Sektionen für Literatur, Musik, Bildende Kunst, Baukunst, Darstellende Kunst und Medien, meist mit großem Besucherzuspruch.

In den südlich angrenzenden Deichtorhallen drängten sich einst in aller Frühe die Blumenhändler der Region, um frische Tulpen, Rosen und Zimmerpalmen zu kaufen. Wo der tosende Autoverkehr des Wallringtunnels auf die in Ost-West-Richtung brausenden Verkehrsströme der Willy-Brandt-Straße trifft, gedeihen auf einer unzugänglichen Verkehrsinsel – einem ökologischen Wunder gleich – Palmen und Bambussträucher wie sonst nur im Tropenhaus von Planten un Blomen. Die gleich südlich der stark befahrenen Verkehrsstraße gelegene größere der beiden früheren Markthallen ist Wechselausstellungen vorbehalten, in der schon Werkschauen von Annie Leibowitz, Helmut Newton oder Saul Leiter zu sehen waren. Die kleinere Halle beherbergt das *Haus der Photographie*, dessen Kernstücke die Sammlung F. C. Gundlach zu Mode- und künstlerischer Fotografie – sowie die Kooperation mit dem Archiv des benachbarten *Spiegel*-Verlags darstellen.

KUNST VON OBEN UND AUF DEM TELLER

Der Highflyer, ein Fesselballon, steigt vom Deichtorplatz mit bis zu 30 Personen im Korb auf 150 Meter Höhe. Er ist allerdings fest mit Seilen an seiner Bodenstation vertäut. Von oben bietet sich ein prächtiger Blick auf das Ensemble von Kunstbauten, auf den Bahnhof, das Kontorhausviertel und die HafenCity. Wieder auf sicherem Grund gelandet, gibt es keinen Grund mehr, nicht das *Fillet of Soul* im Gebäude der Deichtorhallen aufzusuchen. Hier lässt sich gut speisen, insbesondere vor oder nach einem Kunstbesuch, denn im entspannten Restaurant wird modern und kunstvoll gekocht. Die täglich wechselnden Gerichte und Menüs stehen auf einer Kreidetafel über dem Durchblick zur Show-Küche.

WEITERE INFORMATIONEN

Freie Akademie der Künste: Klosterwall 23, www.akademie-der-kuenste.de,
Deichtorhallen Hamburg/Haus der Photographie/Halle für aktuelle Kunst: Deichtorstr. 1–2, www.deichtorhallen.de,
Highflyer: www.highflyer-hamburg.de,
Fillet of Soul: www.fillet-of-soul.de
Kunsthaus Hamburg: Klosterwall 15,
Kunstverein in Hamburg: Klosterwall 23, www.kunstverein.de

10 Mönckebergstraße

Die Einkaufspassage *Levantehaus* direkt an der Mönckebergstraße, wartet mit Cafés, Restaurants und interessanten Boutiquen auf (oben). Das frühere *Spiegel*-Verlagsgebäude liegt an der viel befahrenen Willy-Brandt-Straße (rechts).

Einkaufsboulevard zwischen Bahnhof und Rathaus

Der 30 Meter breite und 800 Meter lange Boulevard verbindet seit über 100 Jahren den Hauptbahnhof mit dem Rathausmarkt. In den Bekleidungs- und allgemeinen Kaufhäusern, den Boutiquen und Filialgeschäften kann man von Kühlschränken bis zum Smoking, von Hockeyausrüstung bis zu ausgefallenen Gewürzmischungen alles kaufen. Mit der kürzeren, in spitzem Winkel zulaufenden Spitaler Straße gehört die Mönckebergstraße zu den umsatzstärksten Einkaufsstraßen der Republik.

Eigentlich verdankt die Mönckebergstraße ihre Existenz dem Bau der U-Bahnstrecke zwischen Hauptbahnhof und Rathausmarkt. Parallel zur Sanierung der Altstadt in Richtung Hafen war über dem geplanten U-Bahntunnel eine neue Durchbruchstraße geplant, die nach dem damaligen Hamburger Bürgermeister Johann Georg Mönckeberg benannt wurde.

Dem großstädtischen Anspruch der Stadtplaner entsprechend, sollte entlang der neuen Verkehrsachse präsentabel gebaut werden, mit aufeinander abgestimmten Fassaden der großen Kontor- und Kaufhäuser. Auch heute reihen sich im verkehrsberuhigten Boulevard die Einkaufstempel für unterschiedliche Interessen und Geldbeutel aneinander: Karstadt, Peek & Cloppenburg, Anson's, C&A, Saturn, dazu große Schuhgeschäfte, Parfümerien, Buch- und Sportartikelläden sowie diverse Modeboutiquen. Das Levantehaus, eines der traditionellen Kontorhäuser der Stadt, nutzen inzwischen zahlreiche Geschäfte, Cafés und Restaurants als noble Adresse.

Ein Theater, geküsst von der Muse Thalia

Auf halber Strecke erweitert sich die Straße rechts zum Gerhard-Hauptmann-Platz. Ein kleiner Schmuckbau mit dorischen Säulen und dekorativem Springbrunnen wird von einem Coffee-Shop genutzt. Die wuchtige Seitenfassade des Thalia-Theaters begrenzt das Ende des Platzes. Daneben schaut ein kleiner Ausschnitt der Binnenalster hervor. Das Thalia-Theater gehört neben dem Schauspielhaus und der Staatsoper Hamburg zu den großen Staatstheatern der Stadt und gleichzeitig zu den wichtigsten und innovativsten Bühnen deutscher Sprache. Ein überdurchschnittlich großes Publikumsinteresse des in den letzten 35 Jahren von den Intendanten Jürgen Flimm, Ulrich Khuon und Joachim Lux

DER SPIEGEL

Prächtige Fassaden in der Innenstadt, gebaut im Gründerstil (oben). Gotischer Türgriff mit Löwenkopf an der Petrikirche (unten). Gerhart-Hauptmann-Platz mit Brunnen und »Coffeeshop« (rechts unten). Im *Tschebull* kommt moderne österreichische Küche auf den Tisch (rechts oben).

geleiteten Hauses macht es darüber hinaus zu einem der wirtschaftlich erfolgreichsten öffentlichen Theater der Bundesrepublik.
Wenig weiter, auf der gegenüberliegenden Straßenseite, erhebt sich unübersehbar die aus rotem Klinker erbaute Hauptkirche St. Petri. Ein Vorgängerbau wurde schon im Jahr 1195 als Marktkirche erstmals erwähnt. Die Tür ihres Hauptportals ziert eines der ältesten Kunstwerke der Hansestadt: ein Türzieher in Form eines bronzenen Löwenkopfes von 1342. Der große Brand von 1842 hatte auch die Hauptkirche zerstört, doch schon sieben Jahre später war sie in neogotischem Stil erneut aufgebaut und mit vielen geretteten Kunstwerken eingerichtet. Der 132 Meter hohe Kirchturm wurde erst knapp 30 Jahre später fertiggestellt. Über eine eigene Kirchengemeinde verfügt St. Petri nicht mehr. Zu viele Menschen sind aus der Umgebung in andere Stadtteile abgewandert.
Gleich neben der Kirche zieht das Hulbe-Haus viele Blicke auf sich. Es wurde 1910 im Stil niederländischer Backsteinrenaissance mit vergoldeter Kupferkogge auf dem Dach als bewusster architektonischer Kontrast zu den eher wuchtigen Kontorhäusern errichtet und beherbergt heute ein Modegeschäft.

St. Jacobi in der Steinstraße

Die zur Mönckebergstraße parallele Steinstraße ist die Schnittstelle zum angrenzenden Kontorhausviertel. Hier erhebt sich mit St. Jacobi eine der Hauptkirchen des Stadtzentrums. Der erste Kirchenbau, des Pilgern und reisenden Kaufleuten geweihten Gotteshauses stammte aus dem 13. Jahrhundert. Die im Zweiten Weltkrieg stark in Mitleidenschaft gezogene gotische Hallenkirche wurde 1963 nach alten Plänen wieder aufgebaut. Im Inneren beeindrucken drei mittelalterliche Altäre, der Trinitatisaltar von 1510, der Petrialtar im ersten und der Lukasaltar im zweiten Südschiff. Der Herrensaal oberhalb der Sakristei gehört zu dem wenigen, was nie zerstört wurde. Er stammt wahrscheinlich aus dem späten 15. Jahrhundert und wurde lange als Bibliothek und Versammlungsraum genutzt. Zwölf Wappentafeln mit Namen und Wappen von Kirchenältesten und Pastoren von 1543 bis heute schmücken die Wände. An der Decke findet man vom Maler Riesenberger um 1710 geschaffene Frauengestalten, die als Allegorien Bürgertugenden verkörpern. Die prachtvolle Arp-Schnitger-Orgel von 1693 mit 60 Registern und ca. 4000 Pfeifen ist der größte Schatz der St.-Jacobi-Kirche. Fast wäre Johann Sebastian Bach 1720 hier Organist geworden. Doch nach Studium der Bedingungen zog er seine Bewerbung wieder zurück und entschied sich stattdessen für Leipzig.

Viel »Zeit« im Pressehaus

Oberhalb der Arkaden des wuchtigen Klinkerbaus zum Speersort und zur Steinstraße arbeiten die Mitarbeiter der *Zeit* an der nächsten Ausgabe ihrer gewichtigen Wochenzeitung. Das 1938 erbaute Pressehaus diente zunächst als Sitz des *Hamburger Tageblatts*, einer nationalsozialistischen Tageszeitung. Das Firmensymbol, eine Kogge unter Segeln, zeigt sich noch heute, allerdings ohne Hakenkreuz, als Halbrelief an der Rückseite des Hauses zur Curienstraße. Nach Zerstörungen durch Fliegerbomben und wegen vieler als Soldaten eingezogener Mitarbeiter wurde ab 1944 eine als »Hamburger Zeitung« figurierende Ausgabe gemeinsam mit dem *Hamburger Fremdenblatt* und dem *Hamburger Anzeiger* herausgegeben. Gleichgeschaltet und unter Zensur gestellt waren die Tageszeitungen ja ohnehin schon. Nach dem Krieg wurde das Fremdenblatt nur sehr kurz wieder aufgelegt, bis es nach wenigen Monaten im *Hamburger Abendblatt* des Axel-Springer-Verlages aufging. Einige Jahre lang waren hier auch die Redaktionen des *Spiegel* und des *Stern* zu finden, heute beherrscht allein die *Zeit* die Flure des Pressehauses.

Am Anfang war die Hammaburg

Archäologische Ausgrabungen zwischen St.-Petri-Kirche und dem Speersort, dort wo auch die legendäre Hammaburg vermutet wird, legten 2008 die Fundamente des ältesten Steingebäudes der Stadt frei. Der Bischofsturm wurde wahrscheinlich im 12. Jahrhundert als Teil der Stadtbefestigung errichtet. Das Turmfundament mit 19 Metern Durchmesser wurde in den Bau einer Bäckereifiliale integriert und lässt sich zu deren Öffnungszeiten im Kellergeschoss frei besichtigen. Die Lage der Hammaburg, die der Hansestadt ihren Namen gab, konnten Archäologen bislang noch nicht ermitteln. Sicher ist, dass der damalige Erzbischof Ansgar im Jahr 831 in der Hammaburg residierte, deren Bau wahrscheinlich um das Jahr 810 von Ludwig dem Frommen, Sohn Karls des Großen, in Auftrag gegeben worden war. Es wird ein palisadenbewehrter Erdwall gewesen sein, der einige Wohnhäuser mit Holzkirche im Inneren vor Attacken von Wenden und Wikingern schützen sollte. Schon 845 zerstörten die Dänen die Anlage, die im Laufe der Zeit häufiger wieder aufgebaut werden musste, bis der erste steinerne Wehrbau, der Bischofsturm, einen etwas besseren Schutz vor Angreifern bot.

RESTAURANTS UND KULTIMBISSE

Das *Tschebull* präsentiert österreichische Küche im Levantehaus. Auch die *Weltbühne* im Gebäude des Thalia-Theaters kann Anklänge an österreichische Kaffeehauskultur nicht verbergen. Abends gibt es hier Tafelspitz mit Apfelkren. *Le Plat du Jour*, ein traditionelles Bistro, kommt französisch daher, mit Klassikern wie Lyoner auf Linsen oder Cassoulet mit Entenconfit. Auch der Besuch von *Daniel Wischer* in der Spitaler- oder der Steinstraße gehört seit 1924 zur guten Tradition. Hier gibt es Goldbarsch oder Fischfrikadellen zu Kartoffelsalat, alles lecker und frisch. Schnell und freundlich, trotz Riesenandrang, geht es auch beim *Mö-Grill* zu, zwei Schnellimbissen an der Mönckebergstraße. Die Riesencurrywurst und die Bisonbratwurst gehören hier zu den Rennern.

WEITERE INFORMATIONEN

Levantehaus: www.levantehaus.de, **Daniel Wischer:** www.danielwischer.de, **Hauptkirche St. Petri:** Bei der Petrikirche 2, www.sankt-petri.de, **Hauptkirche St. Jacobi:** Jakobikirchhof 22, www.jacobus.de, **Le Plat du Jour:** Dornbusch 4, www.leplatdujour.de, **Thalia-Theater:** Alstertor 1, www.thalia-theater.de, **Tschebull:** Mönckebergstr. 7, www.tschebull.de, **Weltbühne:** Gerhart-Hauptmann-Platz 70, www.weltbühne.net

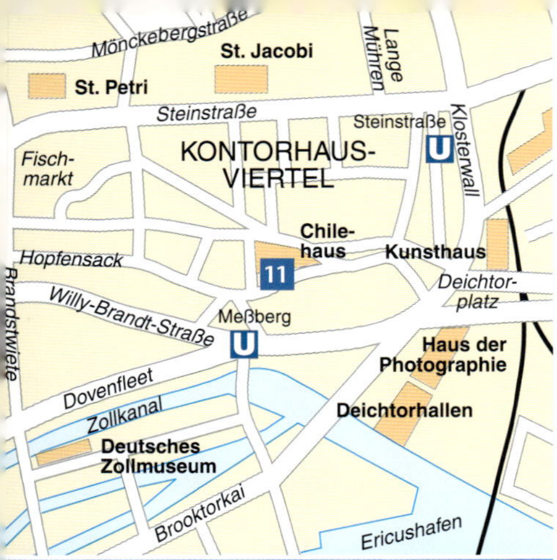

Das scharf geschnittene Chilehaus ist der markanteste Klinkerbau im Kontorhausviertel (oben und rechts unten). Durch seinen mittleren Innenhof führt die Fischertwiete. Den bis 1938 als Ballin-Haus bekannten Meßberghof zieren seit 1986 die Enigma-Variationen des Künstlers Lothar Fischer (unten).

11 Kontorhausviertel mit Chilehaus

Bürogebäude als Kulturerbe

Wuchtige Bürogebäude aus dunkel gebranntem Klinker mit Staffelgeschossen, aufgelockert durch Dekorelemente und Terrakottaskulpturen, dominieren das Viertel zwischen Mönckebergstraße und Speicherstadt. Entstanden ist es vor rund 100 Jahren, als die Stadt nach einer Choleraepidemie das östliche Gängeviertel zum Sanierungsgebiet erklärte und niederreißen ließ.

Das Chilehaus scheint mit seinen wie ein scharf geschnittener Schiffsbug zusammenlaufenden Fassaden das Kontorhausviertel zwischen Speicherstadt und Mönckebergstraße zu durchpflügen. Es ist das berühmteste Bauwerk im Stil des Backsteinexpressionismus in der Hamburger City. Das markante Gebäude entstand 1924 nach einem Entwurf des schleswig-holsteinischen Architekten Fritz Höger, der vom damaligen Hamburger Stadtbaudirektor Fritz Schumacher noch verändert wurde. Das Fundament des Chilehauses steht auf 18000 Holz- und Betonpfählen. Höger ließ fast fünf Millionen dunkel gebrannte Ziegel in dem zehnstöckigen Bürohaus mit seinen 2800 Fenstern verbauen, das dem Reeder Henry B. Sloman als Firmensitz diente. Der hatte sein Vermögen vor allem im Salpeterhandel verdient. Der begehrte Grundstoff für Düngemittel und Sprengstoff wurde ab 1860 im Norden des heutigen Chile, in der Atacamawüste, abgebaut und musste auf dem Weg nach Europa das gefährliche Kap Hoorn umschiffen.

Entstanden ist das markante Kontorviertel rund um den Burchardtplatz vor knapp 100 Jahren, nachdem im Jahre 1892 in den engen Elendsquartieren des Gängeviertels Hamburg, in denen weder eine vernünftige Frischwasserversorgung noch ein hygienisches Abwassersystem existierte, eine Choleraepidemie ausgebrochen war. Knapp 20000 Menschen erkrankten, 8600 von ihnen starben. Neben anderen Quartieren wurde auch das östliche Gängeviertel nördlich der Speicherstadt niedergerissen, die Bewohner mussten nach Barmbek und in andere, weiter außerhalb gelegene Stadtbezirke umsiedeln. Der Bau der Speicherstadt und die Einrichtung des Freihafens hatten zudem einen nicht unerheblichen Bedarf an citynahem Büroraum entstehen lassen. Die neuen Kontorhäuser waren mit allerlei technischen Neuerungen wie Paternostern oder Zentralheizungen ausgestattet.

Auch das Klöpperhaus am Anfang der Mönckebergstraße, in dem heute der Kaufhof residiert, und dessen kupferne

Schafsskulpturen an die ursprüngliche Bestimmung als *Wollhandelshaus Wilhelm Klöpper* erinnern, der massive Sprinkenhof, als größtes Bürogebäude im Kontorhausviertel mit 52000 Quadratmetern Grundfläche und 3131 Fenstern, sowie das Broschek-Haus in den Großen Bleichen, heute vom *Renaissance Hotel* genutzt, tragen die Handschrift des Architekten Fritz Höger.
Das 1922 nach Plänen des Architekten Max Bach für die Miramar Handelsgesellschaft errichtete Miramar-Haus fällt mit seinen glatten Wandflächen, langen Fensterreihen und einer gerundeten Gebäudeecke auf. Wie ein Fries rahmen Keramiken von Darstellungen Hamburger Berufe den Haupteingang ein. Über allem schwebt ein Engel.

Bewacht von afrikanischen Kriegern

Das nach Plänen des Architekten Martin Haller 1899 als Firmensitz der Reederei Woermann erbaute Afrikahaus gehört zu den eindrucksvollsten Kontorhäusern der City. Den Eingang bewacht die Bronzefigur eines afrikanischen Kriegers mit Schild und Speer. Im Innenhof, der heute auch von einem Restaurant genutzt wird, flankieren Skulpturen von zwei aus dem Busch tretenden Elefanten ein schmiedeeisernes Tor. Das Kontorhaus steht unter Denkmalschutz. Um die Wende zum 20. Jahrhundert gehörte die Reederei Woermann zu den größten im Kaiserreich. Ihre Schiffe brachten Waffen und Schnaps nach Westafrika, die Ladung in die Heimat bestand aus Baumwolle, Palmöl, Kakao und Naturgummi. Woermann-Schiffe beförderten auch Sklaven für den Bau einer Eisenbahnlinie von Togo in den Kongo und Soldaten, die in Deutsch-Südwestafrika, dem heutigen Namibia, den Herero-Aufstand niederschlugen, bei dem 65000 Afrikaner getötet wurden.

ZUKÜNFTIG WELTKULTURERBE?

Gegenwärtig läuft ein Antrag, das Kontorhausviertel mit dem Chilehaus in die UNESCO-Liste des Weltkulturerbes aufzunehmen. Bemerkenswert ist auch das zugängliche Foyer mit den seitlichen Treppenhäusern und dem Keramikschmuck des Bildhauers Richard Kuöhl, der auch die Davidwache an der Reeperbahn, die Krugkoppelbrücke am nördlichen Ende der Außenalster und das Kriegerdenkmal am Stephansplatz gestaltet hat.
Schon 1906 wurde die Polizeiwache am Klingberg 1 gebaut. Das auffällige Gebäude Wand an Wand mit dem Chilehaus präsentiert sich im Stil eines barocken Althamburger Bürgerhauses, mit Portalfiguren und einem falschen Giebel.

WEITERE INFORMATIONEN

Afrikahaus: Große Reichenstr. 27, www.afrika-haus.de,
Broschek-Haus: Große Bleichen, www.marriott.de,
Chilehaus: www.chilehaus.de,
Sprinkenhof: www.sprinkenhof-hamburg.de

Mehrere Skulpturen wie der *Erdenengel* und *Die Prüfung* erinnern im ehemaligen Seitenschiff von St. Nikolai an die Bombennächte im Zweiten Weltkrieg (oben). Ein bewegender Anblick: Hamburg im Abendlicht mit Rathaus und Alster (rechts unten). Graf Schauenburg herrschte im 12. Jh. über die Stadt (rechts oben).

12 St. Nikolai und Trostbrücke

Ausgebranntes Gotteshaus als Mahnung gegen den Krieg

Als die neogotische Nikolaikirche 1874 eingeweiht wurde, war ihr 147,3 Meter hoher Turm kurzzeitig das höchste Gebäude der Welt. Im Juli 1943 zerstörten Fliegerbomben das Dach des Gotteshauses am traditionellen Hopfenmarkt. Die Ruine, an der man nach wie vor unschwer die Einschläge von Bombensplittern erkennen kann, ist seit Langem ein Mahnmal gegen Krieg und Gewaltherrschaft.

Ein gläserner Fahrstuhl bringt Besucher bis zu einer Aussichtsplattform in 76 Meter Höhe. Dort zeigt eine Ausstellung mit Bildtafeln die massiven Zerstörungen des Stadtbildes während des Zweiten Weltkrieges. In der Turmhalle im Parterre beeindruckt ein nach einem Entwurf von Oskar Kokoschka geschaffenes Mosaik *Ecce homo*, das den gekreuzigten Jesus zeigt, dem von einem Soldaten ein mit Wasser getränkter Schwamm zur Linderung seiner Pein gereicht wird. Eine Ausstellung im erhaltenen Keller unter dem früheren Gotteshaus dokumentiert die Leiden und Zerstörungen durch die Bombardierung der Hamburger Wohnviertel im Zweiten Weltkrieg sowie die Zerstörungen von Warschau und Coventry durch die deutsche Luftwaffe.

»Operation Gomorrha« mit 42000 Toten

Die »Operation Gomorrha« Ende Juli 1943 gehörte zur alliierten Strategie, mit Massenbombardements auf Wohnviertel die Moral der Bevölkerung und deren Unterstützung für die Politik der Nazi-Regierung zu zerstören. Die Kombination von 9000 Tonnen Flieger- und Brandbomben entfachte vor allem in den Arbeiterstadtteilen Hammerbrook, Rothenburgsort, Hamm und Billbrook einen Feuersturm. Auch die Stadtteile Barmbek, Eimsbüttel, Veddel, Horn und Eilbek erlitten schwere Zerstörungen. Von 250000 Gebäuden blieben nur Trümmer übrig, 42000 Menschen starben allein in drei Nächten.

Die Hauptkirche St. Nikolai, 1195 als Fischerkirche zwischen dem mittelalterlichen Hafen und dem Hopfenmarkt gegründet, fand 1962 im Stadtteil Harvestehude eine neue Gemeinde.

Schon im 13. Jahrhundert verband eine hölzerne Trostbrücke über dem Nikolaifleet die bischöfliche Altstadt mit der gräflichen Neustadt. Seit die heutige Steinrücke 1882 vollendet wurde, blicken sich die überlebensgroßen Skulpturen des Hamburger Bischofs St. Ansgar und des schauenburgischen Grafen Adolf III. auf der Mitte der Brücke ins Auge.

Wohltätige Patrioten

Der Backsteinbau der Patriotischen Gesellschaft von 1765 erhebt sich seit 1847 gleich bei der Trostbrücke, wo bis zum großen Brand von 1842 das Rathaus der Stadt stand. Nach Zerstörungen im Zweiten Weltkrieg wurde es in heutiger Form wieder aufgebaut. Die 1765 gegründete Vereinigung von aufgeklärten Kaufleuten und anderen Bürgern mit Einfluss wollte mit verschiedenen Initiativen dem Allgemeinwohl dienen und in Bereichen Unterstützung leisten, die der Staat nicht mehr abdecken konnte oder wollte. So geht die Gründung der Hamburger Bücherhallen auf die Initiative der »Patrioten« zurück, die Gründung von Sparkassen oder der Schule für Kunst und Gewerbe, aus der später die Hochschule für bildende Künste erwuchs. Die Patriotische Gesellschaft, die nicht mit deutsch- oder heimattümelnden Vereinen verwechselt werden sollte, ist mit ihren heute knapp 500 Mitgliedern nach wie vor aktiv und engagiert sich vornehmlich für soziale Ziele.
Der Laeiszhof schräg gegenüber auf der südwestlichen Seite der Trostbrücke wurde kurz vor der Wende zum 20. Jahrhundert als Kontorhaus der Firma Ferdinand Laeisz erbaut, die als Reeder im Im- und Export-Handel sowie im Versicherungsgeschäft tätig war und mit ihren Großseglern durch den Salpeterhandel zu großem Reichtum gekommen war. Die Ehefrau des Reeders hörte, vermutlich wegen ihrer lockigen Haarpracht, auf den Spitznamen Pudel. Und so ziert ein riesiger kupferner Pudel eine Gebäudespitze des Kontorgebäudes. Die Frachtsegler, wie die *Pamir*, die *Passat* oder die *Palmyra* trugen dazu durchweg Namen, die mit einem P begannen und waren daher als Flying-P-Line bekannt. Die zur Trostbrücke weisende Gebäudefront zieren dagegen Statuen preußischer Heroen, Kaiser Wilhelm I., Bismarck sowie der Generäle Moltke und Roon.

RUND UM DIE TROSTBRÜCKE

Das Mahnmal St. Nikolai ist einer der wichtigsten Erinnerungsorte in Hamburg für die Opfer von Krieg und Gewaltherrschaft 1933–1945. Eine Ausstellung zeigt auch die Geschichte von St. Nikolai sowie Bilder der Zerstörung von Hamburg, Warschau und Coventry. Die Patriotische Gesellschaft von 1765 gehört zu den traditionellen wohltätigen Einrichtungen der Stadt. Der Laeiszhof ist der traditionelle Firmensitz der F. Laeisz GmbH. Von hier aus werden das Befrachtungsgeschäft der Gruppe sowie die An- und Verkaufsaktivitäten und die Projekte gesteuert. Inzwischen ist Rostock der Hauptsitz der Gruppe. Am Hopfenmarkt findet inzwischen donnerstags wieder ein Wochenmarkt auf dem Platz statt, wo früher zweimal täglich Bauern aus den Elbmarschen Obst und Gemüse verkauften. Durch die breite, nach dem Zweiten Weltkrieg angelegte Verkehrsschneise der Ost-West-Straße hat der Marktplatz jedoch stark an Atmosphäre eingebüßt.

WEITERE INFORMATIONEN

Mahnmal St. Nikolai: Willy-Brandt-Str. 60, www.mahnmal-st-nikolai.de, www.hauptkirche-stnikolai.de,
Patriotische Gesellschaft: Trostbrücke 4, www.patriotische-gesellschaft.de,
Laeiszhof: Trostbrücke 1, www.laeisz.de

13 Cremon und St. Katharinen

Geburtsort des Hamburger Hafens

Eigentlich dürfte die St.-Katharinen-Kirche mit ihrem markanten mehrstufigen Turm vom Bau der HafenCity profitieren. Schließlich kamen ihr mit dem Bau der Speicherstadt und der Sanierung des Gängeviertels vor über 100 Jahren die Gemeindemitglieder nahezu abhanden. Die Gebäude am Cremon und in der Deichstraße rechts und links vom Nikolaifleet gehören zu den wenigen erhaltenen historischen Häuserzeilen Hamburgs.

Am Nikolaifleet, dem ersten Hafen Hamburgs, legten im Mittelalter die Frachtsegler an. Er diente später als Binnenhafen. Einige Kaufmannshäuser zu seinen beiden Ufern haben den Großen Brand, den Zweiten Weltkrieg und die Sanierungswut ab den 1960er-Jahren überlebt. Am Cremon und der gegenüberliegenden Deichstraße erheben sich zwischen der Holzbrücke, die schon lange aus Stein gebaut ist, und der Hohe Brücke schmale, teils altersschiefe Backsteinspeicher. An einigen kann man unter dem Giebel noch den Träger für die Seilwinden erkennen, über die einst die Güter aus den Schuten direkt in die Speicher der Kaufleute gehievt wurden. In den Handelshäusern des 17. und 18. Jahrhunderts waren neben den Lagerräumen auch die Kontore sowie die Wohnungen der Kaufleute untergebracht. Auffällig ist der Kontrast zwischen den teils reich verzierten Fassaden zur Deichstraße und den eher funktionalen Häuserfronten zum Fleet. Hier brach im Mai 1842 ein Feuer aus, das sich rasch über große Teile der Innenstadt verbreitete. Der Große Brand ließ die Nikolai-, die Petrikirche und das alte Rathaus zum Raub der Flammen werden. Als das Feuer nachmittags durch günstige Winde erstarb, war ein Viertel der Stadt verbrannt. Rund 20000 Menschen waren plötzlich obdachlos.

Ein seetüchtiges Theater

Ein seit über 35 Jahren im Nikolaifleet bei der Holzbrücke vertäutes, aber immer noch seetüchtiges Schiff hat eine bewegte Geschichte hinter sich. Vor 100 Jahren, 1912 in Holland als Besan-Ewer (Handelssegler) *Seemöve* vom Stapel gelaufen, transportierte es lange Zeit landwirtschaftliche Produkte zwischen Dänemark und Hamburg. Im Zweiten Weltkrieg wurde es versenkt, aber wieder geborgen. Nach weiteren Umbauten tat es bis 1975 als *Kümo Rita Funck* seinen Dienst. Dann als Theaterschiff umgebaut und auf den schlichten Namen *Das Schiff*

Sobald sich einige Sonnenstrahlen zeigen, stellen die Gastwirte in der Deichstraße Stühle und Tische auf die Straße (oben und unten). Die Gebäude hier und am Cremon gehören zu den ältesten der Stadt (rechts unten). Gutes Bier und herzhafte Speisen gibt es überall im Altstadtviertel (rechts oben).

umgetauft, erfreut es mit kurzweiligen Inszenierungen bis heute seine bis zu 120 Zuschauer an Bord.

Neue Gemeinde für St. Katharinen

Die erste St.-Katharinen-Kirche als Gotteshaus für Bierbrauer, Kaufleute und Schiffbauer auf der alten Grimminsel ist schon 1256 urkundlich erwähnt. Im Zweiten Weltkrieg wurde das Gotteshaus stark beschädigt, die reiche Innenausstattung fiel den Flammen zum Opfer, die Kirche brannte bis auf den Turmschaft und die Außenmauern aus. Die Restaurierung Anfang der 1950er-Jahre blieb wegen Geldmangels unvollkommen, seit 2007 wird nun umfassend saniert.
Schon früher war die Gemeinde Ort geistiger Auseinandersetzung. Von der Kirchenkanzel von St. Katharinen wurde erstmals in der Hansestadt evangelisch gepredigt; zu Beginn der Aufklärung debattierten der Hauptpastor Johann Melchior Goeze und Gotthold Ephraim Lessing um die richtige Auslegung der christlichen Lehre. Der barocke, kupferverkleidete Turm, zu dessen Aussichtsplattform 293 Stufen führen, trägt eine Krone der Heiligen Katharina; der Legende nach soll ihr Gold aus dem Schatz des Seeräubers Störtebeker stammen. Mit dem Bau der Speicherstadt vor über 100 Jahren verlor die Kirche den größten Teil ihrer Gemeinde. Ganze Straßenzüge wurden damals geschleift, rund 20000 Menschen umgesiedelt. Mit dem Bau der HafenCity erhält St. Katharinen nun als Hafenkirche das Gemeindegebiet zurück, wenn auch mit deutlich geringerer Einwohnerzahl. Zu den besonderen Sehenswürdigkeiten im Kircheninneren gehört ein schwebender Albatros des Bildhauers Gerhard Marcks in der nördlichen Turmhalle, der an die Ertrunkenen der 1957 im Atlantik gesunkenen Viermastbark *Pamir*, einem Segelschulschiff, erinnert.

GAUMENFREUDEN UND BIERGENUSS

Zünftige Gastronomie am historischen Ort: Die *Gröninger Privatbrauerei* zapft süffiges Bier aus dem eigenen Braukeller, dazu gibt es gleich hinter der Katharinen-Kirche herzhafte Imbisse und Speisen mit hausgebackenem Brot. Im *Zippelhaus* sitzen die Gäste im alten Kontorhaus gegenüber der Speicherstadt nicht dicht gedrängt, sondern mit ausreichend Beinfreiheit. Die Küche kocht saisonal, mit monatlich wechselnder Speisekarte von Wiener Schnitzel bis gebratenem Filet vom Nordseesteinbutt. *Kolonialwaren Café am Fleet* nennt sich das nette Lokal mit nostalgischer Atmosphäre und Ausblicken aufs Nikolaifleet. Mittags gibt es warme Kleinigkeiten, den ganzen Tag über wird Kaffee und Kuchen serviert.

WEITERE INFORMATIONEN

Hauptki**rche St. Katharinen:** Katharinenkirchhof 1, www.katharinen-hamburg.de, **Gröninger Privatbrauerei:** Willy-Brandt-Str. 47, www.groeninger-hamburg.de, **Kolonialwaren Café am Fleet:** Deichstr. 45, **Theater Das Schiff:** Nikolaifleet/Holzbrücke 2, www.theaterschiff.de **Zippelhaus:** www.zippelhaus.com

Der Erzengel Michael tötet den Drachen (oben). Den Innenraum des Michel dominiert die Steinmeyer-Orgel auf der Westempore (rechts unten). Der Kirchturm ist weithin zu sehen (rechts oben).

14 Michel und Krameramtsstuben

Wahrzeichen und Prachtbau des norddeutschen Barocks

Michel, das klingt mehr nach einem guten Freund, und so nennen die Hamburger ihre St. Michaeliskirche, das weithin sichtbare Wahrzeichen der Stadt. Auch nach Zerstörungen immer wieder aufgebaut, präsentiert sich das Gotteshaus als prächtiges Beispiel norddeutschen Barocks. Und wer dem Klang der vier Kirchenorgeln lauschen möchte, besucht die mittägliche Orgelandacht.

Der 1661 erbaute *Michel* ist die bekannteste und beliebteste der Hauptkirchen der Hansestadt. So ist es auch kein Wunder, dass das Gotteshaus nach diversen Katastrophen mit großem Engagement der Kirchengemeinde sowie der Hamburger Bürger immer wieder aufgebaut wurde. Einem Blitzschlag 1750 folgte ein verheerender Brand, der zweite Bau fiel 1906 einem Schwelbrand zum Opfer. Und gegen Ende des Zweiten Weltkrieges verursachten Fliegerbomben massive Schäden am Hauptschiff. Heute präsentiert sich die bekannteste und mit 2500 Plätzen größte Hauptkirche der Stadt als Prachtexemplar des norddeutschen Barocks.

Orgelkonzerte in der Kirche

Musikliebhaber schätzen die besonderen Konzerte in der Kirche, die über vier Orgeln verfügt. Die Steinmeyer-Orgel auf der Westempore mit 85 Registern und 6665 Pfeifen, das Fernwerk im Dachboden darüber mit 17 Registern und 1222 Pfeifen. Über einen ca. 20 Meter langen Schallkanal werden deren Töne zur Deckenrosette in der Mitte der Kirchendecke in 26 Metern Höhe geführt. Dazu kommen die Marcussen-Orgel auf der Nordempore mit 45 Registern und 3652 Pfeifen sowie die *Felix Mendelssohn Bartholdy Orgel* in der Krypta. Wer einen Eindruck vom wunderbaren Klang der Orgeln erleben möchte, kann die täglichen Orgelandachten um die Mittagszeit besuchen. Bei den Aufführungen des Weihnachtsoratoriums von Bach am Wochenende des 4. Advent sind regelmäßig insgesamt über 10000 Zuhörerinnen und Zuhörer in der Hauptkirche St. Michaelis zu Gast.

In der restaurierten Krypta wurden von 1758 bis 1806 über 2000 Menschen bestattet, darunter der Komponist Carl Philipp Emanuel Bach, Sohn von Johann Sebastian Bach. In der Krypta bietet *HamburgHistory* zudem eine halbstündige Multimedia-Zeitreise durch mehr als 1000 Jahre Geschichte von Hamburg und seinen fünf Hauptkirchen an.

Kirchturm als Seezeichen

Der 132 Meter hohe Turm diente früher den einlaufenden Schiffen als Orientierungszeichen, er war von der Elbe weithin zu sehen. Die mit einem riesigen Ziffernblatt von acht Metern Durchmesser ausgestattete Uhr ist die größte Kirchturmuhr Deutschlands. Jeder ihrer beiden Zeiger wiegt 130 Kilogramm. Ein gläserner Fahrstuhl bringt Besucher auf die 109 Meter hohe Aussichtsplattform des Turms, Sportliche erklimmen die 453 Stufen zu Fuß. Zu besonderen Ereignissen, wie abendlichen Feuerwerken oder sternklaren Vollmondnächten, wird der Turm auch abends geöffnet und bietet einen seltenen Panoramablick über die nächtliche Stadt.

Reihenhäuser für die Krämerwitwen

Ab 1676 richtete die wohlhabende Zunft der Kramer, später auch Krämer oder Kolonialwarenhändler genannt, kostenfreie Reihenhauswohnungen für betagte und arbeitsunfähige Mitglieder und Witwen ein. Neben dem sozialen Anliegen spielte sicherlich auch der Wunsch, das freigewordene Geschäft samt dazugehöriger Wohnung einem aktiven Zunftmitglied zu übergeben, eine Rolle.
Die Krameramtswohnungen haben die beiden großen Katastrophen in Hamburgs Geschichte auf wundersame Weise überstanden, den Großen Brand 1842 sowie die Bombardements und Feuerstürme des Zweiten Weltkrieges. Heute stehen zur warmen Jahreszeit einige Tischchen in der schmalen Fachwerkgasse. In die ehemaligen kleinen Wohnungen sind überwiegend kleine Lädchen und der Gasthof *Krameramtsstuben* eingezogen, der Klassiker der norddeutschen Küche serviert. Eine Museumswohnung zeigt Waage und Elle der Kramer sowie die Einrichtung mit Möbeln aus der späten Biedermeierzeit. Sie vermitteln eine Atmosphäre von Behaglichkeit und zeigen, wie sich die Menschen ohne modernen Komfort zu behelfen wussten.

KIRCHLICHES LEBEN RUND UM DEN MICHEL

Morgens und abends erklingt von der 109 Meter hohen Aussichtsplattform des Kirchturms ein mit Trompete geblasener Choral. Diese Tradition wird nunmehr seit 300 Jahren gepflegt.
Die nahe gelegene katholische St.-Ansgar-Kirche heißt auch »Kleiner Michel«. Die ursprüngliche kleine Michaeliskirche wurde im Zweiten Weltkrieg ausgebombt. Die heutige Kirche in der Michaelisstraße ist ein Neubau. Die anglikanische St.-Thomas-a-Becket-Church versammelt die Gläubigen der britischen Gemeinde Hamburgs in einem klassizistischen Bau von 1838 mit Säulenportikus am Zeughausmarkt nahe dem Michel. Die Kirche feiert 2012 ihr 400-jähriges Bestehen, da lange nur den Engländern wegen der traditionell engen Handelsbeziehungen als einzige nicht-lutherische Kirche die Praktizierung ihres Glaubens in Hamburg erlaubt war.

WEITERE INFORMATIONEN

Hauptkirche St. Michaelis: www.st-michaelis.de, www.nachtmichel.de, **Historische Wohnungen des Krameramts:** www.krameramtsstuben.de, www.hamburgmuseum.de, **St.-Thomas-a-Becket-Church:** www.anglican-church-hamburg.de

15 Neustadt

Bürgerhäuser in der Neustadt (oben) und das Denkmal für Bürgermeister Carl-Friedrich Petersen (1809–1892) zwischen Neuem Wall und Alsterfleet (unten). Die modernen Bürogebäude am Rande der Neustadt beherbergen Agenturen, Verlage und Versicherungen (rechts unten). Szenekneipe im Kornträgergang, nicht weit vom Großneumarkt (rechts oben).

Die Erfindung der Currywurst

Sehr neu ist die Neustadt nun nicht gerade. Einige ihrer Gebäude gehören sogar zu den ältesten Hamburgs. Vor knapp 400 Jahren mussten die Stadtmauern endgültig dem Bevölkerungszuwachs angepasst werden. Die Wallanlagen entstanden und schlossen ein großes Gebiet westlich des Herrengrabenfleets ein, das zumindest damals nicht unpassend Neustadt genannt wurde.

Im neu erbauten Stadtviertel standen die Häuser bald dicht an dicht. In einigen Quartieren waren die Straßen und Wege zwischen den Häusern so schmal, dass nur wenig Licht in die Wohnungen fiel. Nicht selten brachen in diesem *Gängeviertel* mit desolaten sanitären Verhältnissen ansteckende Krankheiten aus. Als 1892 in Hamburg die Cholera ausbrach, lebten in der Neustadt fast 10000 Menschen. Später wurden große Teile des Quartiers saniert, die Bombardements des Zweiten Weltkrieges taten ein Übriges, sodass von der alten Bausubstanz nur noch wenige Überreste erhalten sind. Im versteckten Bäckerbreitergang zwischen Kaiser-Wilhelm-Straße und Valentinskamp ist eine kleine Passage von Fachwerkhäusern aus dem 18. bis 19. Jahrhundert erhalten und unter Denkmalschutz gestellt. Gleich südlich davon hat eine Initiative von Künstlern 2011 nach dem Motto »Komm in die Gänge« weitere historische Häuser des Gängeviertels vor Kahlschlag und Luxussanierung gerettet.

Szeneviertel Großneumarkt

Rund um den zentralen Platz Großneumarkt spielt sich das Leben ab. Mittwochs und samstags lockt ein kleiner Wochenmarkt Kunden an. Die originellen Kneipen am Rande des Platzes öffnen erst abends. Ein von der Künstlerin Doris Waschk-Balz geschaffener Bronzebrunnen auf dem Platz zeigt eine von menschlichen Figuren bevölkerte Wendeltreppe, über die Wasser in ein Becken plätschert. Eine Gedenktafel erinnert seit 2003 an die *Erfindung der Currywurst*, die in einem Roman des Schriftstellers Uwe Timm 1947 in einem Imbiss am Großneumarkt das Licht der kulinarischen Welt erblickt haben soll, was natürlich in Berlin helle Empörung hervorgerufen hat.
An der Ecke Breiter Gang und Rademachergang mit Backsteinmietshäusern aus den 1930er-Jahren weist das Denkmal eines Wasserträgers auf ein Hamburger Original und einen Begrüßungsspruch hin, an dem Hamburger einander auch in der Fremde erkennen. Hans Hummel, der hier im 19. Jahrhundert gelebt haben

soll, brachte den Bewohnern mangels Wasserleitungen frisches Wasser in Eimern. Neckereien von Kindern, die »Hummel, Hummel!« hinter ihm hergerufen haben sollen, beantwortete er mit »Mors, Mors!«, der plattdeutschen Variante »Klei mi an Mors« des Goethe-Zitats aus Götz von Berlichingen »… er kann mich im Arsche lecken!« An einer Hausecke vis-à-vis streckt die Skulptur eines Kindes dem Wasserträger tatsächlich den blanken Hintern entgegen. Hartnäckig hält sich das Gerücht, das Hamburger Autokennzeichen HH für »Hansestadt Hamburg« stünde eigentlich für »Hummel, Hummel«.

Auf den Spuren von Brahms und Schopenhauer

Nicht weit entfernt, in der Straße Kohlhöfen, hat übrigens 1805/06 der jugendliche Arthur Schopenhauer mit Mutter und Schwester gewohnt, nachdem sein Vater, ein Kaufmann, bei einem Sturz zu Tode gekommen war. Auch in der Neustadt stand bis zu den Bombennächten des Zweiten Weltkrieges das Geburtshaus des Komponisten Johannes Brahms, der sich 1862, im Alter von 29 Jahren, von Hamburg nach Wien aufmachte. Das Brahms-Museum erinnert in einem Kaufmannshaus von 1751 an den Musiker, der seine musikalische Ausbildung als Pianist und Komponist in Hamburg erhielt und hier bereits bedeutende Werke komponierte. Das restaurierte Haus für das Museum stellte der Kaufmann und Mäzen Alfred C. Toepfer zur Verfügung, der ab den 1960er-Jahren elf zerstörte Bürgerhäuser aus dem 17. und 18. Jahrhundert von den Kaufmannsvierteln an den Fleeten in der kopfsteingepflasterten Peterstraße der Neustadt rekonstruieren ließ.

SZENEVIERTEL GROSSNEUMARKT

Das Brahms-Museum hält die Erinnerung an den Komponisten wach, mit Musikalien, Schriftstücken, Konzertprogrammen, Fotos und Büsten sowie einem um 1859 gebauten Tafelklavier der Hamburger Pianomanufaktur Baumgardten & Heins, an dem Brahms Klavierunterricht erteilt hat. Im Thämers, einem urigen Szenelokal mit bayrischen und norddeutschen Bieren sowie deftiger Bratkartoffelküche, herrscht eine aufgelockerte Atmosphäre, besonders, wenn man im Sommer draußen sitzen kann. Das Piccolo Paradiso mit seiner köstlichen vegetarischen Küche ist allseits beliebt. Hinzu kommt eine vorzügliche Weinauswahl, mit rund 40 offenen Tropfen aus ökologischem Anbau. Gleich um die Ecke ist das Frischerestaurant Marinehof schon mittags gut besucht. Das Lokal liegt auf der Fleetinsel zwischen den beiden Alsterarmen, im Erdgeschoss des 1885 erbauten Neidlingerhauses. Im Sommer lockt die Terrasse am Fleetmarkt.

WEITERE INFORMATIONEN

Brahms-Museum Hamburg: Peterstr. 39, www.brahms-hamburg.de, **Marinehof:** Admiralitätstr. 77, www.marinehof.de, **Piccolo Paradiso:** Brüderstr. 27, www.piccolo-paradiso.de, **Thämers:** Großneumarkt 10

Eine Idylle: Die Großen Wallanlagen, hier mit einem alten Steintor aus dem Jahr 1617 (oben) und lauschigen Wasserspielen (unten). Kaiser Wilhelm I., von verschiedenen Figuren eingerahmt, war bis 1930 auf dem Rathausmarkt zu finden (rechts).

16 Große Wallanlagen

Vom Festungswall zum Parkgelände

Rund 200 Jahre lang gaben die zu Beginn des Dreißigjährigen Krieges angelegten und mit Bastionen bestückten Wallanlagen Hamburg militärischen Schutz. Dann waren sie überholt, und auch die Stadt war längst über die Befestigung hinausgewachsen. Ihre Bürger konnten nun in den neu geschaffenen Grünanlagen flanieren. Hamburg bekam neuen Baugrund für Gebäude, Monumente und Verkehrsstraßen.

Von der Terrasse der Jugendherberge am Stintfang genießen junge Stadtbesucher einen herrlichen Blick auf den Hafen, den man im Hamburg Museum ganz in der Nähe auch im Modell bewundern kann. Spaziergänger schlendern nicht weit entfernt durch japanische Gartenanlagen, und über die Kennedybrücke, die Außen- und Binnenalster trennt, braust der Feierabendverkehr. Fernreisende nach Zürich besteigen ihren ICE-Zug im Hamburger Hauptbahnhof, während Kunstliebhaber sich auf eine Vernissage in den Deichtorhallen freuen. Die *Großen Wallanlagen*, der westliche Teil der früheren Stadtbefestigung, begrenzt heute die innere Stadt mit einem grünen Band.

Erdwälle schützen vor Kriegsgefahr

Johan van Valckenburg, holländischer Festungsbauer, bekam im Jahr 1615 den Auftrag, Hamburg mit neuen massiven Festungsanlagen zu schützen. Er zog mit der Nicolaikirche als Mittelpunkt ein Oval um Alt- und Neustadt und ließ massive Erdwälle aufschütten und mit einem Wassergraben umgeben. Zusätzlichen Schutz boten 22 Bastionen, die nach den Vornamen von Bürgermeistern und Senatoren benannt wurden und mit rund 300 Geschützen bestückt waren. Davor wurde ein 70 Meter tiefes freies Schussfeld, Glacis genannt, angelegt. An dieses erinnern noch heute Straßennamen, wie Glacischaussee, Alster- oder Holstenglacis. Der Bau der Schanzanlagen dauerte neun Jahre und verschlang fast ein Viertel des Stadtbudgets. Außerdem waren die Bürger zu Schanzarbeiten verpflichtet – oder konnten sich davon freikaufen. Nach Beendigung der Arbeiten umschlossen die Wallanlagen ein doppelt so großes Stadtgebiet wie vorher. Da sie quer durch den Alstersee gelegt wurden, war dieser nun in Binnen- und Außenalster getrennt. Parallel leistete sich die Stadt eine Garnison von 2000 bis 3000 Mann, dazu kam die Bürgerwache von 9000 Mann, die abwechselnd den Hauptwall bewachen und im Kriegsfall die Stadt mit verteidigen mussten. Bedenkt man, dass der Dreißig-

Planten un Blomen und die Wallanlagen, ein grüner Bogen um die Innenstadt (oben), Kaiser-Wilhelm-Denkmal (Mitte) und Überreste des Wallgrabens im Alten Botanischen Garten (unten). Blick von der Lombardsbrücke über die Binnenalster (rechts unten). Vom Stintfang mit seinem »Weinberg« geht der Blick zu den Landungsbrücken am Hafen (rechts oben).

jährige Krieg schon 1618 losbrach und Hamburg in dieser Zeit nie von den verschiedenen Heeren oder vagabundierenden Haufen erobert und geplündert wurde, machten sich die hohen Kosten schnell bezahlt. An Jan Valkenburg, den Konstrukteur der für Hamburg überlebenswichtigen Wallanlagen, erinnert eine winzige gleichnamige Sackgasse in der Neustadt, die noch deutlich kürzer ist als die parallele Kurze Straße.

Der Wallring wird überflüssig

Zu Beginn des 19. Jahrhunderts hatte sich die Befestigungsanlage überlebt. Der nördliche Halbkreis der früheren Wallanlagen ist auch heute noch im Stadtgrundriss zu erkennen. Von der Elbe und dem Bismarck-Denkmal erstrecken sie sich über das Grün um das Hamburg-Museum, an den Gerichtsgebäuden und dem Untersuchungsgefängnis vorbei bis zur großen innerstädtischen Grünanlage von Planten un Blomen und von hier weiter bis zur Alster. Vom Dammtor bis zum Hauptbahnhof nutzen die Gleisstrecken von Nah- und Fernverkehr den Alten Wall, flankiert von Kunst in der Galerie der Gegenwart und der Kunsthalle. Auch zwischen Hauptbahnhof und Elbe ist die frühere Militäranlage von der Muse geküsst. Die Museumsmeile mit Antiquitätenläden, dem Veranstaltungszentrum Markthalle sowie mehreren Galerien und Kunstmuseen zieht sich bis zur HafenCity und dem neuen Verlagsgebäude des *Spiegel*.

Bismarck schaut nach Westen

Ein wuchtiger, aus Granit gemeißelter Bismarck in Rüstung und Umhang der Kreuzritter schaut vom Elbpark gleich hinter der Jugendherberge Stintfang das Elbtal entlang nach Westen. Dort, wo die englische Kriegsflotte einst in der Nordsee gekreuzt haben mag. Die knapp 15 Meter hohe Statue des *Eisernen Kanzlers* auf einem einstigen Festungshügel ruht auf einem etwa gleich hohen Fundament. Nach Bismarcks Tod am 30. Juli 1898 wurden im Zuge einer Begeisterungswelle zu Ehren des Toten und für seine Verdienste um das Kaiserreich zwischen Bodensee und dänischer Grenze rund 600 Statuen und Säulen errichtet. Hamburg, in dessen östlichem Vorort Aumühle Bismarck beigesetzt war, wollte sich mit einem besonders eindrucksvollen Standbild von den übrigen abheben. Nach dreijähriger Bauzeit und allerlei Streitereien um künstlerische Details und die Bausumme wurde das Monumentaldenkmal 1906 enthüllt. Der Unterbau mit seinen massiven Wänden diente während des Zweiten Weltkrieges mit Beton verstärkt als Luftschutzbunker. Noch erhaltene Wandmalereien im Inneren des Denkmals, unter anderem mit Motiven von Hakenkreuz- und Sonnensymbolen, dokumentieren die politische Gesinnung der völkisch-nationalen Verbände, die den Bau dieses Denkmals als Weihestätte vorangetrieben hatten.

Vom Hamburg-Museum zu Kaiser Wilhelm

Das Hamburg-Museum am Holstenwall ruht auf den Fundamenten der früheren Bastion Henricus. Eine Fülle von Exponaten aus zwölf Jahrhunderten machen das in einem Schumacher-Bau von 1922 beherbergte Museum zur größten stadtgeschichtlichen Schausammlung Deutschlands. In der ersten Etage des Museums

zeigt ein großes Modell die Hansestadt im Jahr 1644 mit Wallring, Festungen und Schanzen. Den Nachbau einer Kogge, mit dem bauchigen Segler wurden im Mittelalter Fracht über die Meere transportiert, können Besucher sogar entern, und dabei dem Gekreisch der Möwen lauschen. Und wem die Modelleisenbahn im *Miniatur Wunderland* der Speicherstadt zu kleinformatig ist, findet im Hamburg-Museum eine vergleichsweise riesige Anlage in »Spur 1«. Eine Sonderausstellung schildert 400 Jahre jüdisches Leben in Hamburg, von den ersten Flüchtlingen vor der spanischen Inquisition über die Verfolgung durch die Nazis bis heute. Zwei Katastrophen, der Große Brand 1842, der große Teile des alten Stadtzentrums zerstörte, und die Cholera-Epidemie von 1882 mit rund 9000 Toten markieren gleichzeitig den Aufbruch der Stadt in die Moderne. Umfangreiche Neubauten, der Aufbau eines modernen Trinkwasser- und Abwassersystems und zeitgleich der Ausbau und die Entwicklung der Hafenanlagen legen die Grundlagen für eine schnelle wirtschaftliche Entwicklung, die in multimedialen Präsentationen dokumentiert wird. Spaziergänger können von hier ungestört vom Autoverkehr in den Parkanlagen des früheren Verteidigungswalls bis nach Planten un Blomen herunterschlendern. Im Winter gehört die Eisbahn zwischen Hamburg-Museum und Gerichtsplatz auf dem Gelände der früheren Bastion Eberhardus zu den beliebten Freizeitvergnügungen. Auf dem begrünten Grund der Bastion Joachimus beim Johannes-Brahms-Platz fand das Kaiser-Wilhelm-Denkmal Asyl, das 1902 monarchistisch auf den Rathausmarkt geprotzt, vom Senat 1930 republikanisch aus der City verbannt worden war.

HAMBURGER WEIN UND ANDERE KULTURGENÜSSE

Kaum zu glauben, aber wahr! Am Elbhang unterhalb der Jugendherberge erstreckt sich ein 500 Quadratmeter großer Weinberg. Stuttgarter Winzer pflegen die 100 Rebstöcke der weißen Rebsorte Phoenix und der roten Regent, aus denen ein Hamburger Stintfang Cuvée reift. Kaufen kann man die wenigen Flaschen nicht, denn den Staatswein erhalten nur der Bürgermeister, die Fraktionen und ausgesuchte Gäste der Bürgerschaft zum Geschenk. Die zentrale Jugendherberge der Hansestadt liegt oberhalb der Landungsbrücken direkt am Elbhang und auf dem Grund der einstigen Bastion Albertus des Wallrings. Die einfachen Unterkünfte liegen superzentral und bieten einen besseren Panoramablick als manches Luxushotel. Das Hamburg-Museum präsentiert anschauliche Informationen zu Hamburgs Geschichte seit seiner Stadtgründung. Das Café Fees serviert Leckeres im überdachten Innenhof, beliebt ist der sonntägliche Brunch.

WEITERE INFORMATIONEN

Hamburg-Museum: Holstenwall 24, www.hamburgmuseum.de,
DJH Auf dem Stintfang: Alfred-Wegener-Weg 5, www.djh-nordmark.de,
Café Fees: www.fees-hamburg.de

Mehrere Brücken führen über den Zollkanal in die Speicherstadt (oben). Szenekneipe im Schanzenviertel (Mitte). Dreimal im Jahr, jeweils vier Wochen lang, lockt der »Hamburger Dom« Zehntausende Besucher zum Heiligengeistfeld (unten). Für romantische Lichtereffekte sorgt die Speicherstadt am Abend (rechts).

Hafen, St. Pauli und Schanzenviertel

In der Markthalle Speicherstadt servieren fünf Mini-Bistros internationale Leckereien (oben). Fest für die Sinne: Schnuppertisch im Gewürzmuseum (unten). Die Gebäude in der Speicherstadt prägen Zinnen, Türme und Erker (rechts).

17 Speicherstadt

Es riecht nach Gewürzen aus Tausendundeiner Nacht

Wie die Mauern einer mittelalterlichen Burg aus rotem Backstein mit Erkern, Giebeln und Türmen erheben sich die Lagerhäuser der Speicherstadt am Südufer des 45 Meter breiten Zollkanals. Mehr als 100 Jahre trennten sie wie ein Querriegel die City vom Hafen. Gewürze, Teppiche, Kaffee, Tee und viele andere Importgüter konnten hier zollfrei zwischengelagert werden. Heute bildet die Speicherstadt das Tor zur neuen HafenCity.

Lange kontrollierten Schlagbäume an den Zufahrtsstraßen und -brücken das mit einem hohen Stacheldrahtzaun eingefasste Freihafengebiet. Abgaben wurden erst fällig, sobald die Waren das Areal in Richtung Binnenland verließen. Nachdem die Speicherstadt 2004 aus dem Freihafen ausgegliedert wurde, sind in die dekorativen denkmalgeschützten Gebäude der abends von Scheinwerfern angestrahlten Speicherstadt auch Museen, Kultureinrichtungen, Verlage, Restaurants und Dienstleistungsunternehmen eingezogen.

Die Speicherstadt macht Hamburgs Hafen modern

Mit der Einrichtung des Freihafens und dem Bau der 1888 fertiggestellten Speicherstadt wurden die Hafenbereiche vom Rest der Stadt separiert. Hintergrund dafür waren die Gründung des deutschen Kaiserreiches 1871 und die stärkere Integration der freien Reichsstadt Hamburg in dieses Machtgefüge. Die Stadt konnte nicht gleichzeitig Zollfreigebiet und Teil des Wirtschaftsgebiets im Deutschen Reich sein. Zollgrenze zur Stadt war der breite Zollkanal, über den Brücken in den Freihafen und zu den neu gebauten Speichern führten. Dazu wurden 1100 Fachwerkhäuser auf den Inseln Wandrahm und Kehrwieder niedergerissen, deren 20000 Bewohner in die Stadtbezirke Hammerbrook und Barmbek umgesiedelt. Bauarbeiter rammten Tausende Holzpfähle zur Stabilisierung ins feuchte Erdreich, bauten Straßen, Kanäle und Speicher im größten Lagerhauskomplex der Welt.

Die Speicherstadt im Museum

Heute zeigt das Speicherstadt-Museum in einem mehr als 120 Jahre alten Speicherhaus, wie es früher zuging, als Kaffee und Tee in Säcken und Kisten aus den Ladeluken der Schiffe gehievt und von Quartiersleuten sortiert und den Speichern zugewiesen wurden. Letztere waren für die Lagerung der »Kolonialwaren« zuständig. Schauermänner, ein inzwischen ausgestorbener Beruf, brach-

Block
Brooks-
Brücke
Brooks-
Brücke

Industrieromantik in der Speicherstadt mit vor Hochwasser sicherer Fußgängerbrücke, Speicherstadtmuseum und eiserner Wendeltreppe (oben). In die Speicherstadt ist neues Leben eingekehrt. Einige Lokale wie das Schöne Leben bieten Plätze direkt am Wasser (rechts unten). Der wohlhabende »Hamburger Jedermann« trifft den Tod (rechts oben).

ten die Waren an oder von Bord. Bei den meisten Ausstellungsstücken wie Kautschukballen, Kaffeesäcken oder Probiergeschirr, mit dem Warenproben genommen wurden, heißt es »anfassen erwünscht«. Das Museum bietet auch Touren für Kinder an, bei denen man Kakaobohnen probieren oder herausfinden kann, wo die Kinder-TV-Serie *Die Pfefferkörner* gedreht wurde.

Ein Wunderland für kleine und große Kinder

Kaum zu glauben, doch es ist schon lange keine einfache Modelleisenbahn mehr, sondern tatsächlich ein »Miniatur Wunderland«. Die Schweizer Alpen ragen mit einer Gipfelhöhe von sechs Metern schon in das nächste Stockwerk hinein, wo sie in den Wolken verschwinden. In den »USA« sind Las Vegas und der Weltraumbahnhof von Cape Canaveral nicht weit voneinander entfernt. Eine »Schoki«fabrik produziert tatsächlich Schweizer Schokolade, und Hamburg breitet sich in seiner ganzen Schönheit auf über 200 Quadratmetern aus. Seinen Hauptbahnhof erreichen täglich rund 1500 Züge, wie im richtigen Leben. Die Schienenlänge der Eisenbahn, Spurgröße HO, hat längst ein Dutzend Kilometer überschritten, und an der jetzt schon größten Modelleisenbahnanlage der Welt wird noch immer weiter gebaut. Mehr als acht Millionen Besucher haben bislang das technische Wunderwerk bestaunt, allein 2011 bestaunten es 1,2 Millionen Fans.
Natürlich gibt es bei einer Modelleisenbahn auch einen Bahnhofsvorsteher. Nur sitzt der hier hinter den Kulissen in einem abgedunkelten Leitstand und hat über eine komplizierte elektronische Anlage mit 30 Computern und 70 Bildschirmen das ganze System im Blick. Im Jahr 2020 sollen sich die weiter ausgebauten Miniaturwelten auf 2300 Quadratmeter mit mehr als 20 Kilometern Gleise erstrecken.

Begegnungsorte, Attraktionen und Museen

Zu sehen gibt es hier nichts. Wer die Erlebniswelt *Dialog im Dunkeln* betritt, tauscht die Rollen. Sehbehinderte und Blinde übernehmen die Führung durch ihre gewohnt dunkle Welt. Die Sehenden und nun plötzlich Orientierungslosen versuchen zu lernen, sich in einer lichtlosen Welt mit dem Tastsinn und anhand von Gerüchen und Geräuschen zu orientieren. Eine Stunde dauert die Tour – mit Mahlzeit, natürlich auch im Dunkeln – eine halbe Stunde länger.
Im Hamburg Dungeon, nur wenige Schritte entfernt, erschrecken hinter einer Ecke furchtbare Moorleichen, wird der Seeräuber Störtebeker täglich geköpft, zeigen die mittelalterliche Pestkatastrophe und der Große Brand in Hamburg immer wieder ihre Schrecken. In dem modernen Gruselkabinett geht es vor allem um Furchtbares und Fürchterliches, hohe Adrenalinproduktion bei den Besuchern ist garantiert.
Im Binnenhafen gegenüber der Speicherstadt ankert die einzige schwimmende Kirche Deutschlands. Der umgebaute alte Weserleichter ist komplett ausgestattet mit Orgel, Taufbecken, Altar und Minikanzel. Die Kirchenfenster zeigen Motive aus dem Leben der Schiffer. Ein Förderverein kümmert sich um die notwendigen Finanzen, die Mitglieder der internationalen Gemeinde sind

berufsbedingt immer nur auf Stippvisite in Hamburg.
»Very spicy, yes indeed!«, heißt es auf einem alten, 350 Quadratmeter großen Speicherboden, wo früher Gewürze aus fernen Ländern gelagert wurden. Hier riecht es nach Pfeffer, Muskat und getrockneten Kräutern. Besucher dürfen die Gewürze in vielen geöffneten Säcken berühren, zerreiben, riechen, mit der Zungenspitze den Geschmack testen. Anschaulich wird gezeigt, woher die Gewürze stammen, wie sie geerntet und verarbeitet werden und welche Wirkung sie entfalten. Mehr als 150000 Besucher pro Jahr lassen sich die Chance nicht entgehen, Genaueres zu erfahren, auch über erotisch stimulierende Nebenwirkungen mancher Aromen.
Dass die Hansestadt zu den größten Teppichlagern der Welt gehört, kann man in dem Afghanischen Museum in demselben Gebäude erfahren. In Hamburg im- und exportieren rund 300 Händler Orientteppiche. In den historischen Lagern entlang des Sandtorkai stapeln sich handgeknüpfte Prachtstücke aus Seide und Wolle, dazu Kelims mit farbenprächtigen Motiven. Das private Museum vermittelt ein traditionelles Bild des Landes am Hindukusch. Von den Auseinandersetzungen der letzten Jahre ist nicht viel zu sehen. Dafür erfahren die Besucher etwas über die Teppichherstellung und Teezeremonien. Verkleinerte Modelle zeigen kulturelle Attraktionen des Landes, auch die Buddhas aus dem Bamyam-Tal, die im Jahr 2001 von Taliban in die Luft gesprengt wurden.
Im modernen Deutschen Zollmuseum in der Speicherstadt zeigt der deutsche Zoll in den Räumen des einstigen Zollamts viele Tricks der Schmuggler und die Erfahrungen der Zöllner beim Auffinden von Schmuggelverstecken. Vom Zöllner Matthäus, einem der 12 Apostel, bis zu den Aufgaben des Zolls in der heutigen Welt informiert die Ausstellung mit diversen Exponaten in Schaukästen, Videos und interaktiven Stationen.

KULTUR IM GEWÜRZLAGER

Das Speicherstadtmuseum bietet sonntags um 11 Uhr und zusätzlich von März bis Oktober samstags um 15 Uhr Führungen durch die Speicherstadt. Wer denkt, in den Lagerräumen ist die Kultur ausgesperrt, täuscht sich, denn an Wochenenden im Juli und August wird vor historischer und stimmungsvoll ausgeleuchteter Open-Air-Kulisse vom Theater in der Speicherstadt nach Salzburger Vorbild *der Hamburger Jedermann* gegeben. Für einen »Absacker« danach bietet sich das Fleetschlösschen an. Das war einst Zollstation, dann Feuerwache, dann Toilettenhäuschen, und ist heute ein uriges Gastronomiekleinod mit kleiner Karte und guter Stimmung.

WEITERE INFORMATIONEN

Afghanisches Museum: www.afghanisches-museum.de, **Deutsches Zollmuseum:** www.museum.zoll.de, **Dialog im Dunkeln:** www.dialog-im-dunkeln.de, **Fleetschlösschen:** www.fleetschloesschen.de, **Flussschifferkirche:** www.flussschifferkirche.de, **Hamburg Dungeon:** www.the-dungeons.de, **Miniatur Wunderland:** www.miniatur-wunderland.de, **Speicherstadtmuseum:** www.speicherstadtmuseum.de, **Spicy's Gewürzmuseum:** www.spicys.de, **Theater in der Speicherstadt:** www.speicherstadt.net

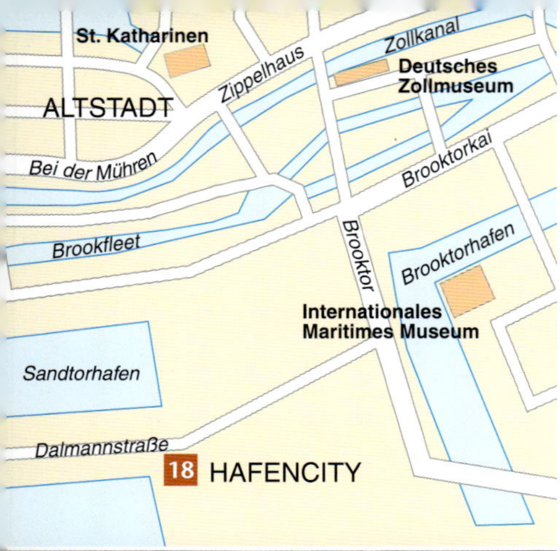

Das Modell der HafenCity im alten Kesselhaus wächst mit dem realen Baufortschritt (oben). Moderne Architektur und die Lage am Wasser locken zunehmend neue Bewohner und Firmen in die HafenCity. Das Hanseatic Trade Center wurde schon 1997 fertiggestellt (rechts oben). Alles schräg – im Sumatra Quartier in der HafenCity (rechts unten).

18 HafenCity

Moderne Architektur mit Hafenromantik

Ein neuer Stadtteil entsteht mit mehreren Tausend Wohnungen, imposantem Konzertbau, mit Hotels, Büros, Schule, Universität, Museen und Kindergarten. Weniger als einen Kilometer vom Rathaus entfernt, im ehemaligen Hafengebiet an der südlichen Grenze der City, ist die künftige HafenCity ein städtebauliches Konzept, das Hamburgs Identität mit einem attraktiven Quartier direkt am Wasser bereichern soll.

Anstelle von Lagerschuppen und Kränen erheben sich im nordöstlichen Teil des Hamburger Hafens markante Gebäude. Bis 2025 soll das gesamte Areal zwischen den Backsteinbauten der Speicherstadt und den Norderelbbrücken neu bebaut sein. Das 155 Hektar große Areal vergrößert die Hamburger Innenstadt um 40 Prozent. In naher Zukunft sollen in Büros, Restaurants und Geschäften über 40000 Menschen arbeiten, und in 5500 geplanten Wohnungen werden rund 12000 Hamburger wohnen. Wo vor wenigen Jahren noch Güterzüge rumpelten, wird gebaut, was das Zeug hält. Vieles ist schon fertig, die Gebäude am Sandtorkai, den Magellan- und den Marco-Polo-Terrassen, das Maritime Museum. Es gibt schicke Cafés, Bars und Restaurants. Und meist liegt auch ein Kreuzfahrtschiff am noch provisorischen Cruise Center Terminal.

Seit Mitte des 19. Jahrhunderts erlebte der Hamburger Hafen technische Neuerungen und wurde drastisch umgestaltet. Die Verantwortlichen hatten sich für einen Tidehafen entschieden, sodass Ebbe und Flut die Schiffe also auch im Hafengebiet heben und senken. Der Londoner Hafen war demgegenüber als Dockhafen konzipiert. Schleusen trennten dort den Fluss vom Tidenhub der Nordsee. Der Sandtorhafen und weitere Hafenbecken wurden ab 1862 ausgehoben, parallel zur Wasserlinie Kaischuppen mit Kränen angelegt. Auf deren Landseite konnte die Ladung schnell mit Eisenbahnwaggons abgefahren werden. Ergänzend hatte die Hansestadt mit der Berliner Regierung des 1871 gegründeten Kaiserreiches ein Zollabkommen abgeschlossen, das neben dem Bau der neuen Kaianlagen die Errichtung der Speicherstadt ermöglichte. In Hafen und Speicherstadt konnten, durch eine Zollgrenze abgetrennt, Waren zollfrei zwischengelagert werden. Doch mit dem Siegeszug der Containerschiffe – das erste legte 1968 im Hamburger Hafen an – haben sich auch die Umschlagstechniken für Schiffsfracht revolutioniert. Container benötigen für Umladung und Lagerung große Flächen,

NACHHALTIG
SOUVERÄN.
350 80 20
Grossmann & Berger
BÜROS
SUMATRAKONTOR
www.sumatrakontor.de

Fünf Meter hoch und drei Tonnen schwer: der Kaffeebohnenkoloss am Sandtorpark in der HafenCity (oben). Gleich um die Ecke wird im Sommer argentinischer Tango getanzt (Mitte). Der *Chilli Club*, eine Lounge mit moderner asiatischer Küche (unten). Die Elbe im Blick: im Beachclub *StrandPauli* (rechts unten).

die in Waltershof, Altenwerder und in anderen westlichen Bereichen des Hafens gefunden wurden. So ergab sich die Chance, die citynah gelegenen, immer weniger genutzten Hafenareale ganz neu zu nutzen. Nach einem Masterplan wird der Umbau des früheren Hafengebiets zu einem modernen Areal schrittweise umgesetzt. Hier kann man in Zukunft wohnen, leben und arbeiten. Im *Infocenter Kesselhaus* der Speicherstadt lässt sich der Baufortschritt genau ablesen. Das Modell des neuen Stadtteils verändert sich kontinuierlich, entsprechend dem Baufortschritt. Hier starten auch Führungen durch den neuen Stadtteil. Ein orangeroter 13 Meter hoher »View Point« aus Stahl verschafft unweit der Marco-Polo-Terrassen zusätzlich einen Überblick. Mit der Unilever-Zentrale, dem SAP-Haus, mit mehreren Banken und Schifffahrtsunternehmen wie China Shipping oder dem Germanischen Lloyd, mit der deutschen Greenpeace-Zentrale, mit einem Ökumenischen Forum, der HafenCity-Universität und dem schnittigen *Spiegel*-Hochhaus haben auch renommierte Unternehmen bereits den Weg in das neue Trendquartier gefunden.
Auch mehrere Wohngebäude sind bereits bezogen, wobei die Mieten oder Preise für Eigentumswohnungen für viele Interessierte unerschwinglich hoch sind. Langsam machen neben einer wachsenden Zahl interessanter Restaurants und Bars auch Geschäfte für den täglichen Bedarf auf.

Traditionsschiffe zum Anfassen

Die im Zickzack ausgelegten Pontons am Sandtorkai sind nicht nur Promenade, sondern gleichzeitig Liegeplatz für einen der Museumshäfen in der Hansestadt. Bis zu 20 wechselnde historische Schiffe können hier bewundert werden. Viele sind noch seetüchtig und zeitweilig zumindest auf kleiner Fahrt durch den Hafen oder zur Ostsee. Der nach der Hamburger Insel Scharhörn in der Elbmündung benannte Flussdampfer ist hier festgemacht, ein von einer Dampfmaschine angetriebener Eisbrecher und der Segler *Grönland*, Teilnehmer der deutschen Nordpolexpedition von 1869.
Die Magellan-Terrassen schließen nicht nur den Sandtorkai ab, sie sind vor allem in der warmen Jahreszeit selbst eine Attraktion, mit Lesungen, Livemusik und Tanz.
Hier ganz in der Nähe, auch auf der Elbinsel Grasbrook, hat der Henker den Seeräuberkapitän Klaus Störtebeker und seine Gesellen vor gut 600 Jahren um einen Kopf kürzer gemacht. Der *Robin Hood der Meere* war dem Städtebund der Hanse ein Dorn im Auge. Immer wieder hatte er deren reich beladene Koggen gekapert. Erst dem vom Senat angeheuerten Kaufmann und Seefahrer Simon von Utrecht gelang es mit einer hansischen Kriegsflotte 1401, die Piraten nach einer erbitterten Seeschlacht vor Helgoland gefangen zu nehmen. Von Utrecht erhielt später den Titel eines Ehrenbürgermeisters von Hamburg. Im Stadtteil St. Pauli ist eine Straße nach ihm benannt. Doch Störtebeker, der von ihm besiegte Widersacher, lebt bis heute in Legenden, Theaterstücken und Filmen fort.

PS-starke Boliden

Beim Anblick der Exponate im Automuseum *Prototyp* kommen nicht nur PS-Süchtige ins Schwärmen. Neben vielen

anderen Boliden sind auch Michael Schumachers erster Formel-1-Rennwagen *Jordan F1 191* und Petermax Müllers Weltrekordwagen von 1949 sowie diverse Porsche-Modelle zu bestaunen. Unter den Exponaten stechen einige Kuriositäten heraus, ein Auslieferungsfahrrad von 1940, der VW-Schwimmwagen 166 aus den 1930er-Jahren oder ein NSU-Rennmobil mit nur 500 Kubikzentimeter Hubraum, das sensationelle 261 Stundenkilometer erreichte. In einer kleinen Schauwerkstatt in der ersten Etage kann man den Restaurateuren bei ihrem Handwerk über die Schulter schauen.

Schwimmende Luxushotels

Es ist nicht zu leugnen, Hamburg ist eine Kreuzfahrerstadt. Das zeigt sich beim Hafengeburtstag und den Cruise Days, wenn bis zu neun Kreuzfahrtschiffe auf der Elbe paradieren und der jedes Mal zu einem Zuschauerevent ausufernde Besuch der *Queen Mary 2* von der Cunard Line. Die Schiffe können an drei Kreuzfahrtterminals in der Hansestadt anlegen, in Altona, an der Überseebrücke, vor allem aber beim *Hamburg Cruise Center HafenCity* am Chicagokai. Der provisorische Terminal wurde, optisch reizvoll, in modularer Bauweise mit gestapelten Containern errichtet; an einem neuen, futuristischen Terminal mit zwei Anlegern wird gearbeitet. In den Sommermonaten macht nahezu täglich ein Kreuzfahrer in Hamburg fest. Das Hamburg Cruise Center informiert über die genauen Termine der ein- und auslaufenden Kreuzfahrtschiffe.

Der spektakuläre, vom Architekten Rem Kohlhaas entworfene Bau eines sechsstöckigen Science Center gleich neben dem neuen Kreuzfahrtterminal soll auf 23000 Quadratmetern zu einem Wissenschaftszentrum mit integriertem Aquarium werden. Doch die Finanzierung des ambitionierten Projektes ist noch nicht gesichert.

URIGE KNEIPEN UND COOLE LOCATIONS IN DER HAFENCITY

Die *Oberhafenkantine*, Baujahr 1925 und altersschief, serviert Herzhaftes wie Eintopf, Schnitzel oder Frikadellen in der Stockmeyerstraße. Der *Chilli Club* am Sandtorkai und direkt an den Magellan-Terrassen zeigt, dass auch das Gegenteil möglich ist: mit einer modernen Asian Mixed Cuisine, coolen Cocktails und nachmittags Kaffee und Kuchen. Der *Weinspeicher B* präsentiert eine raffinierte Frischeküche mit bester Weinauswahl am Kaiserkai. Den Ausblick auf HafenCity und Speicherstadt gibt es gratis. *Heimat* heißt das unprätentiöse Restaurant mit Bar und solider Bistroküche im neuen Designhotel *25 Hours HafenCity* an der Überseeallee (oben).

WEITERE INFORMATIONEN

25 Hours HafenCity: www.25hours-hotels.com, **Automuseum Prototyp:** Shanghaiallee 7/Beim Lohseplatz, www.prototyp-hamburg.de, **Chilli Club:** www.chilliclub.de, **Hamburg Cruise Center:** Chicagokai, www.hamburg cruisecenter.eu, **Infozentrum HafenCity im Kesselhaus:** Am Sandtorkai 30, www.hafencity.de, **Oberhafenkantine:** www.oberhafenkantine-hamburg.de, **Weinspeicher B:** www.weinspeicher-b.de

Promenade am Wasser: Büro- und Wohnkuben am Sandtorkai.

4
5

Ein Museum wie kein anderes: Seefahrtromantik und realistische Eindrücke vom Leben an Bord (oben). Das Projekt »Blue Port« des Lichtkünstlers Michael Batz begeisterte die Massen während der Cruise Days (rechts unten).

19 Internationales Maritimes Museum

Geschichte der Seefahrt mit einmaliger Sammlung

Eine maritime Schatzkammer, wie keine zweite. Im neogotischen, aufwendig restaurierten Kaispeicher B ist die Geschichte der Seefahrt von ihren Anfängen bis in die Zukunft präsent – eine Expedition durch drei Jahrtausende Menschheits- und Seefahrtgeschichte. Über 100000 Exponate, bestens arrangiert, machen das Internationale Maritime Museum zu einem der wichtigsten der Welt.

Das ist eine Karriere: vom Kaispeicher B, dem einst größten und ältesten Speicher im Hamburger Freihafen, bis zum repräsentativen Museum für die größte maritime Privatsammlung der Welt. Der mit Spitzbögen, Erkern und Simsen dekorierte Silo- und Bodenspeicher für Getreide, Tee und Kaffee wurde 1879 errichtet. Seit seiner Neueröffnung im Jahre 2008 sind nun allein 40000 Miniaturmodelle, dazu Exponate aus allen Bereichen der Seefahrt auf zehn Decks (= Stockwerken) und insgesamt 12000 Quadratmetern Ausstellungsfläche zu bestaunen.

Private Sammlung als Ausgangspunkt

Kern ist die Privatsammlung von Peter Tamm, des früheren Vorstandsvorsitzenden des Axel Springer-Verlages, die dieser über viele Jahre in seinem Anwesen an der Elbchaussee zusammentrug. Zu den besonderen Schätzen der Ausstellung gehören die *Prisoner of war models*, filigrane Schiffsmodelle, die französische Kriegsgefangene der Napoleonischen Kriege in britischen Gefängnissen anfertigten. Um sich etwas Zubrot zu verschaffen, schnitzten die internierten Soldaten aus getrockneten und gebleichten Knochen ihrer Essensreste kleine Wunderwerke, Schiffsmodelle aus ihrer Fantasie, mit Masten und Kanonen. Von den nur 300 erhaltenen Miniaturen weltweit sind 32 im Internationalen Maritimen Museum der HafenCity zu bestaunen.

Zu den Pretiosen des Museums gehören auch das aus reinem Gold und Platin detailreich gefertigte Modell der *Santa Maria*, Flaggschiff des Weltenentdeckers Christoph Kolumbus, das hinter Panzerglas auf Deck 8 zu bestaunen ist, oder der kleine Holzkahn *James Caird II* des Polarforschers Arved Fuchs. Vor den Seebildern des 1965 verstorbenen Künstlers Johannes Holst mit aufgewühlter See und bewegtem Himmel meint man fast die peitschenden Wogen zu hören. Auch die detailgenau gearbeiteten Schiffsmodelle aus Elfenbein auf demselben Deck sind im Hinblick auf den Artenschutz echte Raritäten.

Störtebekers Schädel

Auf Decks 2 ist ein verwitterter Schädelknochen zu sehen, der dem berüchtigten Piraten Klaus Störtebeker zugeschrieben wird. Der Anführer der »Likedeeler«, bei denen jeder einen gleichen Anteil an der Beute erhielt, wurde 1401 mit 73 seiner Kumpanen nicht weit entfernt vom Museum geköpft.

Die Überreste eines Einbaums etwa aus dem Jahr 650 n.Chr., auf Deck 3 ausgestellt, stammen von einem Fund aus dem Elbtal. Die Sammlung von Marineuniformen auf Deck 4 dürfte eine der umfassendsten der Welt sein.

Wer sich für die geballte Technik von Kriegsschiffen interessiert, wird von den beiden nebeneinander ausgestellten Großmodellen des japanischen Schlachtschiffs *Yamato* und der deutschen *Bismarck* auf Deck 5 begeistert sein. Ziviler, aber nicht weniger dramatisch zeigt sich die Geschichte des umgebauten Rettungsbootes *James Caird II*, mit dem der Abenteurer Arved Fuchs 2000 einen Teil der historischen Route des Antarktisforschers Shackleton nachgesegelt ist.

Fleißarbeiten für Kinder und Erwachsene

Deck 6 ist den Handels- und Passagierschiffen gewidmet, mit einer Modellschiffparade von Stückgutfrachtern, Passagierschiffen und modernen Kreuzfahrtriesen. Deck 9 überrascht mit einem Modell des Bremerhavener Containerhafens mit 74000 Einzelcontainern. Drei Modellbauer haben über drei Jahre daran gearbeitet. Im Fundus lagern rund 2000 Filme, 120000 Bücher und Atlanten sowie rund eine Million Fotos.

Kinder finden auf allen Decks besondere Abenteuer. Es gibt das größte Legoschiff der Welt zu bestaunen, ein 6,90 Meter langes Modell der *Queen Mary* mit 780000 Bausteinen. Eine Knotenstation lüftet das Geheimnis der Seemannsknoten, Kinder werden zu Piraten und lernen Störtebeker, Käpt'n Blackbeard & Co. kennen.

FÜHRUNGEN IM INTERNATIONALEN MARITIMEN MUSEUM

Das Museum war ein kostspieliger Spaß: Die Erschließungskosten von 5 Millionen und 30 Millionen Euro für die Renovierung und den Umbau des Kaispeichers wurden über den Haushalt der Hansestadt finanziert. Das Gebäude wird der Stiftung, die das Museum betreibt, für 99 Jahre kostenlos zur Verfügung gestellt.

Öffentliche Führungen finden jeden Sonntag um 11.30 Uhr statt. Für Kinder- und Schulklassen werden Spezialführungen und Aktionen angeboten. Die gläserne Modellbauwerkstatt reinigt und repariert jedes Modell, das neu in die Werkstatt kommt. Hier wird auch ein Datensatz über das neue Exponat erstellt. Museumsbesucher haben auf Deck 1 Einblick in die vollverglaste Werkstatt und können den Modellbauern bei ihrer Arbeit zusehen.

Die *Austernbar* lockt mit Schalentieren und frischem Fisch, im *Café Kaispeicher B* gibt es Kaffee, Kuchen und leckere Kleinigkeiten.

WEITERE INFORMATIONEN

Austernbar: www.hamburg.austernbar.de,
Internationales Maritimes Museum:
Koreastr. 1, www.imm-hamburg.de

Ein Langzeitprojekt: Der Bau der spektakulären Elbphilharmonie ist von vielen Verzögerungen, Streit und Kostenerhöhungen begleitet. Sie soll einmal zum neuen kulturellen Wahrzeichen der Hansestadt werden (oben und unten).

20 Elbphilharmonie

Ein Kristallpalast für die Musik

Der wie mit einem kristallenen Zelt überbaute Ziegelsteinkoloss des Kaispeichers A soll zu einem neuen Wahrzeichen der Hansestadt werden. Doch die lange Bauzeit und eine Kostenexplosion haben die Hamburger ernüchtert.

Ein visionäres Projekt ist sie allemal, ihre Ausstrahlung vergleichbar mit der Oper in Sydney. Ein Zankapfel wie die Kulturikone Australiens ist die Elbphilharmonie auch heute schon während ihrer Bauzeit. Die einen bewundern die »gläserne Welle« auf dem massiven Backsteinfundament als neues Wahrzeichen der Stadt, sinnbildlich für den Aufbruch der Elbmetropole ins 21. Jahrhundert, andere erregen sich über Rechen- und Planungsfehler, die mit immensen Zusatzkosten einhergehen und den Einweihungstermin immer weiter hinausschieben. Bis Ende 2011 war die veranschlagte Summe auf das Sechsfache gestiegen.

Spektakulärer Konzertbau

Doch schon jetzt, im Bau, wirkt das 110 Meter hohe Gebäude denkmalswürdig. Dort, wo seit 1966 in einem massiven, trapezförmig zulaufenden Backsteinbau des Kaispeichers A Kakao, Tabak und Tee gelagert wurde, entsteht unübersehbar ein vom Schweizer Architektenbüro Herzog & de Meuron entworfenes Gebäude, das schon jetzt weltweit für Aufsehen sorgt. Die drei geplanten Konzertsäle mit 2150, 550 und 170 Sitzplätzen werden Aufführungen von Orchestern, Kammermusik und Solorecitals sehen, von klassischer bis zu Weltmusik. Zusätzlich zum Konzertbau sind im Gebäude ein Hotel, Restaurants und Bars sowie 45 Eigentumswohnungen geplant. In 37 Metern Höhe, zwischen dem Backsteinsockel des alten Kaispeichers und der Glaskonstruktion darüber, soll eine öffentliche »Plaza« Besuchern auch ohne Konzertticket den Panoramablick auf den Hafen ermöglichen.

Und die Modelle vom großen Konzertsaal lassen hoffen, dass die Akustik genauso spektakulär sein möge wie die Architektur. Viele Hamburger sehen die Elbphilharmonie und ihre künstlerischen Perspektiven nach wie vor sehr positiv, wie das Aufkommen privater Spender einer Stiftung von (bislang) 70 Millionen Euro unterstreicht.

Während der Bauzeit informiert der Elbphilharmonie-Pavillon bei den Magellan-Terrassen über das Projekt. Er zeigt ein eindrucksvolles 1:10-Akustik-Modell des Großen Konzertsaals.

INFORMATIONEN: Elbphilharmonie: www.elbphilharmonie.de

21 St.-Pauli-Landungsbrücken

Startpunkt der Hafenrundfahrten

Hier schlägt das Herz des Hamburger Hafens. Zumindest für die vielen Besucher aus aller Herren (und Damen) Länder, die vorbeifahrende große »Pötte« bestaunen können, eine Barkasse zur Hafenrundfahrt besteigen, sich vom Geschrei der Möwen beeindrucken lassen, die sich in der Luft um ein Stück Brot balgen – oder einfach nur den Duft der weiten Welt schnuppern.

Auf der Hafenbarkasse scheppert der Lautsprecher »Alle Mann an Deck. Gliek geit das los«. Für Hamburg-Besucher gehört eine Hafenrundfahrt zum Pflichtprogramm. In zwei Stunden führt der Törn vorbei an der Fischauktionshalle, dem St.-Pauli-Fischmarkt, den Trockendocks, an riesigen Containerschiffen, es geht zum Rosshafen, wo die großen »Pötte« wenden, bis nach Blankenese und zu den Reedervillen am Elbufer, zu den Containerterminals mit riesigen Ladekränen und Containerbrücken in Aktion, am knallgelben Zelt des Musicals *König der Löwen* vorbei, die HafenCity und das Kreuzfahrtterminal entlang, zum Kai Speicher A mit dem mächtigen Glaspalast der Elbphilharmonie und vorbei an den Museumsschiffen *Cap San Diego* und *Rickmer Rickmers*. Wer mit einer Barkasse und nicht mit einem HADAG-Dampfer fährt, ist nicht so weit und so schnell unterwegs, auch schaukelt es etwas mehr. Dafür rücken die Barkassen den großen Schiffen etwas dichter auf die Pelle und tuckern, je nach Ebbe und Flut, auch unter den Brücken durch in die Speicherstadt, durch Schleusen und Kanäle.

»He lücht!«

Als Hafenarbeiter und Seeleute anfingen, vorbeifahrenden Barkassen auf Hafenrundfahrt ein munteres »He lücht!«, auf Hochdeutsch »Er lügt«, hinterherzurufen, war eine neue Berufsbezeichnung geboren. Neben interessanten Informationen zu Umschlagszahlen des Hafens, zum Woher und Wohin der Frachtschiffe, zu Eignern von luxuriösen Motorjachten, die diskret in abgelegenen Hafenbecken dümpeln, oder dass die aus den Hafenbecken ragenden Pfähle, an denen man Schiffe festmachen kann, Duckdalben heißen, werden den Landratten aus München oder Leipzig auch so manche »Döntjes«, Flunkereien und Tünkram aufgetischt – zu Deutsch: Klatsch und Tratsch, Übertreibungen und ausgemachter Blödsinn. Nach dem Motto, dass an der Straße Kehrwieder in der Speicherstadt einst die Seemannsfrauen

Der Uhrenturm zeigt auch den Pegelstand der Elbe im Wechsel von Ebbe und Flut an. Im langen Empfangsgebäude der Landungsbrücken sind diverse Andenken- und Kunstgewerbegeschäfte, Restaurants sowie eine Mikro-Brauerei untergebracht (oben).

Den Duft der großen weiten Welt verströmt der Museumsfrachter *Cap San Diego* (oben). Im Kuppelbau des Alten Elbtunnels werden Fußgänger und Autos im Fahrstuhl zur Tunnelröhre befördert (unten). Hamburg hat einen der betriebsamsten und modernsten Häfen der Welt, mit einem Umschlag von fast einer Viertelmillion Containern im Jahr (rechts).

ihren Männern ein herzzerreißendes »Kehr wieder!« hinterhergeschluchzt hätten, wobei der Straßenname mit seiner alten Bezeichnung für Sackgasse eher darauf hinweist, dass man auf der engen Gasse in dem dicht besiedelten Viertel nur in eine Richtung fahren durfte. Immer wieder beliebt ist auch der folgende Spruch: »Wussten Sie eigentlich, dass man vom Michel drei Meere sehn kann? Wie? – Tags das Häusermeer, abends das Lichtermeer und inne Nacht gornix mehr!«

Anleger für Barkassen und Hafenfähren

Schon vor knapp 200 Jahren legten Segler an den ersten festen Vorläufern der heutigen Landungsbrücken an. Ungefähr dort, wo vom Landeplatz *Alter Jonas* Hamburger Walfänger vorher zum Polarkreis gesegelt waren. Doch irgendwann waren die Anleger mit ihren hölzernen Zugangsbrücken der wachsenden Zahl von Schiffen und Passagieren nicht mehr gewachsen. Vor rund 100 Jahren ersetzte eine fast 700 Meter lange Kette von schwimmenden Plattformen die alten Anleger. Nach Plänen der Architekten Raabe & Wöhlecke wurden 1906 bis 1909 die neuen St. Pauli Landungsbrücken erbaut, ein rund 200 Meter langes Empfangsgebäude aus grauem Tuffstein im Mittelpunkt der langen Hafenpromenade mit Bogendurchgängen zu den Pontons. Der Pegelturm an seinem östlichen Ende lässt nicht nur zu jeder halben und vollen Stunde ein Signal ertönen, sondern markiert den im Wechsel von Ebbe und Flut variierenden Wasserstand der Elbe. Mehrere Geschäfte und Kioske mit maritimem Kunsthandwerk und Reisesouvenirs, dazu Cafés und Restaurants bieten ihre Dienste im alten Empfangsgebäude, auf den Pontons und der Promenade an.
Ozeandampfer kann man schon seit Langem nur noch vorbeifahren sehen. Vor rund 80 Jahren machten sie an der Überseebrücke fest, heute gehören die Kreuzfahrtschiffe an den Cruiseship Terminals der HafenCity und weiter elbabwärts zu den bestaunten Attraktionen. Barkassen für Hafenarbeiter oder Hafenrundfahrten und die Linienschiffe der HADAG, also der öffentliche Nahverkehr im Hafengebiet, haben inzwischen an den Landungsbrücken ihre Hauptanlegestelle.

Alter Elbtunnel

Ganz im Westen der Landungsbrücken schließt sich die grüne Kupferkuppel des Alten Elbtunnels an. Dessen Bau war vor rund 100 Jahren notwendig geworden, da täglich bis zu 40 000 Hafen- und Werftarbeiter über den Strom hin- und hergeschafft werden mussten. Hafenfähren und viele Barkassen waren dem Ansturm nicht mehr gewachsen. Sobald schlechtes Wetter die Überfahrt unmöglich machte, mussten Menschen und Pferdefuhrwerke einen elf Kilometer langen Umweg über eine Brücke weiter im Osten in Kauf nehmen. Die erste Flussuntertunnelung auf dem europäischen Festland galt bei ihrer Einweihung 1911 als technische Meisterleistung. Beim Bau wurde im Tunnel mit einer Druckluftatmosphäre von 2,6 atü gearbeitet, um wegen des durchlässigen Bodens Wassereinbrüche abzuhalten. Ein nicht ungefährliches Verfahren, bei dem man auch Kompressions- und Dekompressionszeiten für die Bauarbeiter einplanen musste, um Gesundheitsschäden zu vermeiden. Gearbeitet wurde im Schichtbetrieb, mit jeweils 30 Mann unter Tage. Insgesamt waren 4400 Arbeiter bei den rund vierjährigen Bauarbeiten im Einsatz, darunter viele Wanderarbeiter aus Osteuropa, Italien und Skandinavien.

Fußgänger zahlen nichts

Auch heute noch werden Fahrzeuge, Fußgänger und Fahrradfahrer von Aufzügen mit großen Fahrkörben auf 24 Meter Tiefe gebracht. Fußgänger können auch Treppen nutzen. Von dort führen zwei 426,5 Meter lange, 4,70 Meter breite und 4,50 Meter hohe gekachelte Röhren bis zu einem Tunnelschacht mit Fahrstühlen auf der gegenüberliegenden Elbinsel Steinwerder. Das Ausmaß der Röhren war so berechnet, dass ein Pferdefuhrwerk mit aufgestellter Peitsche keine Probleme bekommen würde. Seinerzeit wurden 20 Millionen Menschen pro Jahr gezählt, die durch den Tunnel das andere Elbufer erreichten, heute sind es gut 500000. Autos werden mit zwei Euro zur Kasse gebeten, Fußgänger und Fahrradfahrer zahlen traditionell nichts. Schließlich würde die Bourgeoisie für die Reitwege in den Villenvierteln auch nicht zur Kasse gebeten, wie die sozialdemokratische Fraktion in der Bürgerschaft betonte. Der Tunnel mit dem markanten Tuffsteingebäude und der kupferbeschlagenen Kuppel darüber steht seit einigen Jahren unter Denkmalschutz.

Rund 100 Meter elbabwärts lockt bereits der Elbstrand. Er ist zwar künstlich aufgeschüttet, der guten Stimmung tut das jedoch keinen Abbruch. Der Beachclub *StrandPauli* gehört zu den beliebtesten der Stadt. Gute Musik, Liegestühle, eine Bar mit bunten Drinks, viel Sand und vor der Nase die Richtung Nordsee fließende Elbe, auf der Barkassen, Hafenfähren, Frachter und zuweilen ein Kreuzfahrtschiff vorüberziehen.

LINDERUNG FÜR HUNGRIGE UND DURSTIGE

Wer nach einer Hafenrundfahrt mit Barkassen oder schnittigen Hafenjachten wieder zu den Landungsbrücken zurückkehrt, kann im *Block-Bräu* des Gastro-Unternehmers Eugen Block, direkt im Gebäude der Landungsbrücken mit drei Restaurants und einem eigenen Brauhaus, einkehren. Jungvolk tummelt sich im *Hard Rock Cafe*, das Ende 2011 in den Landungsbrücken eine Filiale eröffnet hat. Bei Sonne zieht es viele nach *StrandPauli*, der besten Beachbar der Stadt. Schräg gegenüber liegen die loungig-loftigen *Riverkasematten*. Das gute Essen dauert zuweilen etwas länger, dafür gibt es (im Sommer) Riesenkissen und Sonnenschirme auf der Terrasse vis-à-vis der Elbpromenade. Vom Elbkai hoch hinauf geht es in die *20up Skybar* in der 20. Etage eines Hotels. Die bietet nicht nur exquisite Cocktails, sondern auch einen tollen Blick aus 90 Metern Höhe auf Landungsbrücken, Hafen und Elbe.

WEITERE INFORMATIONEN

Block-Bräu: www.block-bräu.de,
Hafenrundfahrten: Brücke 1, www.hanse-hafenrundfahrt.de,
Hard Rock Café: www.hardrock.com,
Riverkasematten: www.river-kasematten.de,
StrandPauli: www.strandpauli.de

Ohne Container wäre der Stückgutverkehr über die Ozeane heute nicht mehr denkbar. Sie werden über große Stapelflächen im westlichen Teil des Hafens umgeschlagen (oben, unten und rechts).

22 Hafen

Das Tor zur Welt seit mehr als 1000 Jahren

Mancher meint, im Hamburger Hafen schon salzige Meeresluft zu schnuppern, dabei ist die Nordsee noch 100 Kilometer entfernt. Die Hansestadt ist Deutschlands Tor zur Welt, zumindest was den Hafenumschlag betrifft. Der größte deutsche Hafen ist gleichzeitig Europas Nummer zwei, gleich nach dem holländischen Rotterdam. Wer an den Landungsbrücken steht, spürt das Flair der weiten Welt.

Nachmittags am Elbstrand in Övelgönne: Entspannt liegen Dutzende in Liegestühlen und lauschen dem Geplätscher der Wellen. Ein Frachtschiff kommt die Elbe hoch, aber was für eines! Auf dem fast 340 Meter langen Containerriesen stapeln sich die großen Transportboxen sieben Stockwerke hoch, ein imposanter, geradezu unwirklicher Anblick. Genauso unglaublich, dass die Ladung – bis zu 9000 Container – in wenigen Stunden gelöscht sein wird. Mehrere Containerbrücken heben die Fracht ohne Pause vom Schiff, zwischen Kaikante und Blocklager bewegen fahrerlose Transportfahrzeuge die Boxen, gesteuert von einem komplexen Kontrollsystem. Auf die zwischengelagerten Container warten schon Lkw-Zugmaschinen in mehreren Spuren, auf Gleisen stehen ganze Güterzüge bereit. Allein am Containerterminal Altenwerder sind es bis zu 64000 Container im Quartal, die vom Schiff auf die Bahn umgeschlagen werden.
Die wohl leicht korrigierte Abschrift einer Urkunde von Kaiser Friedrich I. Barbarossa vom 7. Mai 1189, Hamburg ein Hafenprivileg einzuräumen und dessen Kaufleute von Zollabgaben für die Fahrt auf der Elbe bis zur Nordsee zu befreien, gilt als Geburtsurkunde für den Hamburger Hafen und bildet gleichzeitig den Anlass für die jährliche Feier des Hafengeburtstages an diesem Datum. Eigentlich dürfte der zunächst an einer Biegung der Alster kurz vor deren Mündung in die Elbe gelegene Hafen rund 400 Jahre älter sein. Damals machten Handelskähne an einem hölzernen Steg am heutigen Reichenstraßenfleet fest, die das 200-Seelen-Dorf mit anderen europäischen Häfen verbanden. Im 11. Jahrhundert ließ Herzog Ordulf ein erstes künstliches Hafenbecken mit hölzerner Kaimauer anlegen.

Größter Hafen Deutschlands

Heute laufen rund 13000 Seeschiffe aus aller Welt jährlich den zweitgrößten Hafen Europas an, der sich über eine Fläche von 7236 Hektar erstreckt und über 320 Schiffsliegeplätze verfügt. An den vier Containerterminals und anderen Kais

SEALING
SEALING

Containerbrücken, viele davon automatisch, be- und entladen die mehrstöckig gestapelten Container in Hochgeschwindigkeit von den Schiffen, die an den Pollern der Kais vertäut liegen (oben, Mitte, unten und rechts oben.

werden jährlich Güter mit einem Gesamtvolumen von ca. 145 Millionen Tonnen umgeschlagen. Im Mittelalter gehörten Holz, Salz, Bier und Getreide zu den wichtigen Exportgütern, wurden über Hamburg Pelze aus Osteuropa, Weine aus Frankreich und edle Tuche aus Brabant eingeführt. Die Mitgliedschaft im Handelsbund der Hanse ab 1321 erhöhte die Bedeutung des Hafens beträchtlich, ebenso Zollvorteile und das Stapelrecht, das Handelsschiffe auf der Elbe verpflichtete, ihre Waren in Hamburg anzubieten. Die Entdeckung Amerikas Ende des 15. Jahrhunderts bot Hamburg neue Möglichkeiten, ebenso wie anderen Häfen in den Randgebieten zum Atlantik. Häfen an der Ostsee verloren dagegen an Bedeutung. Unterbrochen durch die Auswirkungen der napoleonischen Kontinentalsperre und in wachsender Konkurrenz zum dänischen Altona entwickelte sich Hamburg weiter. Ende des 18. Jahrhunderts begann der Handel mit den neu gegründeten USA, fast 300 Handelsschiffe hatten als Heimathafen Hamburg am Heck stehen. Mit der Entscheidung im Jahre 1862, Hamburg als Tidehafen und nicht als Dockhafen modern auszubauen, wurden Weichen für die Zukunft gestellt. Anders als z. B. in London, wo Sperrwerke die unterschiedlichen Wasserstände von Ebbe und Flut von den Hafenbecken fernhalten, ist dieser Tidenhub im Hamburger Hafen – auch heute noch – zu spüren. Er beträgt etwa 3,6 Meter.

Nach dem Zweiten Weltkrieg, 80 Prozent der Hafenanlagen waren zerstört, wurden die Hafenanlagen rasch wieder aufgebaut. Zu stark war die wirtschaftliche Entwicklung der Hansestadt, waren Industrie und Handel vom Hafen abhängig.

Heute bietet ein engmaschiges Netz von Frachtliniendiensten direkte Verbindungen von Hamburg zu 700 Häfen rund um den Globus. Waren früher die Nord- und Südatlantikrouten der Schwerpunkt, gelten heute Ziele in Fernost als einer der

Hauptmärkte des Hamburger Hafens. Mit 27 Vollcontainerdiensten pro Woche ist das Fahrgebiet Fernost stärker präsent als Nord- und Südamerika zusammen. Jeder zweite im Hafen umgeschlagene Container geht nach oder kommt aus Asien. Für China und Japan ist Hamburg das wohl wichtigste Einfallstor nach Europa. Mit Osaka, dem Handelszentrum Japans, und mit Shanghai, der wichtigsten Industriemetropole Chinas, pflegt Hamburg Städtepartnerschaften.

Schon früher war es für den Hafen lebenswichtig, einen schiffbaren Zugang zur Nordsee anzubieten und die Wassertiefe der Elbe an den Tiefgang der Handelsschiffe anzupassen. Heute ragt ein voll beladener Containerriese gut 15 Meter ins Wasser. Dabei sind die Baggerarbeiten zur Elbvertiefung heute meist von Auseinandersetzungen mit angrenzenden Landkreisen und Umweltorganisationen begleitet.

Hafenmuseum: Sackkarre und Kaffeeklappe

Die 720 PS-Dampfmaschine des Schutensaugers zischt und rumpelt. Sauger IV heißt das Ungetüm, und es ist seit 1909 im Einsatz. Seit einigen Jahren wird die Maschine nur noch zu besonderen Gelegenheiten, wie dem Hafengeburtstag oder dem Tag des Denkmals, hochgefahren, sonst genießt der Sauger, in seinen aktiven Tagen für das Entladen von Schuten eingesetzt, seinen Lebensabend im Hafenmuseum. Das zeigt interessierten Hamburg-Besuchern in den Sommermonaten die Arbeitstechniken des Hamburger Hafens in den letzten 150 Jahren. Die Ausstellung nutzt den Schuppen 50 A auf dem kleinen Grasbrook, den Kai und das Gelände drumherum. Hafensenioren, frühere Hafenarbeiter, erzählen, wie es damals war, als die Fracht von Stückgutfrachtern mit Kränen entladen wurde. Schwere Handarbeit war gefragt und die

Zum Hafengeburtstag steuern Windjammer aus aller Herren Länder die Hansestadt an (links). Im Hafenmuseum ist die Technik von gestern zu bestaunen (oben). Gute Stimmung herrscht beim Hafengeburtstag (Mitte). Die Hafenfähren der HADAG wagen sich ganz dicht an die großen »Pötte« heran (unten).

Die Köhlbrandbrücke überspannt den Verbindungsstrom zwischen Norder- und Süderelbe (oben). In den Trockendocks der Werft Blohm + Voss werden auch Riesenpötte überholt und repariert (unten und rechts unten).

Sackkarre gehörte zu den viel benutzten Hilfsmitteln beim Löschen und Laden. Die 50er-Schuppen im Hafen sind ohnehin historisches Areal. Die 13500 Quadratmeter großen Depotgebäude wurden zwischen 1908 und 1912 parallel zu den Kais errichtet. In ihnen wurden die Stückgüter von den Schiffen gestapelt und bis zum Abtransport zwischengelagert. Auch der benachbarte Schuppen 52 A hat eine neue Karriere gestartet, und zwar als Event-Location. Bislang zeigt das Hafenmuseum in seinem Schaudepot auf 2500 Quadratmetern Ausstellungsfläche Tausende Exponate zum Güterumschlag und zur Schifffahrt auf der Elbe. Im Museumsladen *Zampelbüdel* können Besucher hafentypische Mitbringsel und an der historischen *Kaffeeklappe* wie früher die Hafenarbeiter für einen Kaffee anstehen. Und vielleicht werden ja noch ergiebige Geldquellen aufgetan und der Traum von einer Erlebniswelt Hafenmuseum Wirklichkeit. Dann hätte Hamburg seinen Besuchern eine richtige Attraktion zu bieten.
Die hoch aufragende und 3618 Meter lange Köhlbrandbrücke über dem gleichnamigen Arm der Süderelbe verbindet die Elbinsel Steinwerder mit Waltershof und bietet einen Anschluss an die Autobahn A 7. Die 88 Stahlseile, die die Brücke tragen, sind bis zu zehn Zentimeter stark. Im Durchschnitt queren täglich 33000 Fahrzeuge den Hafenstrom über die »Schrägseilbrücke«. Nur nicht beim Radrennen der Hamburger Cyclassic, dann überqueren Tausende von Radfahrern strampelnd die elegant geschwungene Brücke; in der Silvesternacht ist der Panoramaplatz für das große Hafenfeuerwerk dem Autoverkehr ebenfalls verwehrt.

Werftstandort Hafen

Die Werft Blohm + Voss auf der Elbinsel Steinwerder gehört zu den großen Namen im Deutschen Schiffbau und ist die letzte der früheren Hamburger Großwerften. Hier werden Schiffe repariert und vor allem private Luxus-Großjachten gebaut. In dem 351 Meter langen Trockendock Elbe 17, vis-à-vis der Landungsbrücken am anderen Elbufer, werden auch große Schiffe überholt, wie das 347 Meter lange Containerschiff *Sovereign Maersk* oder der Kreuzfahrtriese *Queen Mary 2*. Doch die Geschichte des Schiffsbaus in Hamburg hat auch ihre Schattenseiten, zu denen die freudige Begrüßung der Machtübernahme durch die Nationalsozialisten von der Werftleitung von Bohm + Voss und der Einsatz vieler Zwangsarbeiter und KZ-Häftlinge auf dem Werftgelände gehörten.
Am Beispiel des Containerterminals Altenwerder südwestlich des Autobahnelbtunnels können selbst vorbeifahrende Autofahrer die Geschichte des modernen Güterumschlages fast mit den Händen greifen. So dicht und hoch stapeln sich beiderseits der viel befahrenen Autobahn A 7 die Container. Gleichzeitig, und das ist erst auf dem zweiten Blick zu erkennen, können technischer Fortschritt und wirtschaftliches Wachstum auch zu »Kollateralschäden« an der Lebensqualität in einer Stadt führen. Das seit 1250 verbriefte Dorf Altenwerder in der Elbmarsch, in dem einst 2000 Menschen überwiegend von der Landwirtschaft lebten, ist seit den späten 1970er-Jahren schrittweise der westlichen Hafenerweiterung zum Opfer gefallen, die riesige Stapelflächen für den wachsenden Containerumschlag forderte. Heute leben in

Altenwerder praktisch keine Menschen mehr. Allein die Kirche St. Gertrud und der dazugehörige Friedhof erinnern noch an alte Zeiten, bevor 2003 der Containerterminal eingeweiht wurde.

Eine Luftwerft für den Airbus

Rund 12000 Menschen arbeiten bei Airbus auf der Elbinsel Finkenwerder, Tendenz steigend. Das 340 Hektar große Werksgelände reicht bis nach Niedersachsen hinein und grenzt an das Obstanbaugebiet im Alten Land. In den Werkshallen werden die Flugzeugmodelle A318 bis A321 endmontiert. Regelmäßig holen Airlines aus aller Welt ihre nagelneuen Flieger auf dem Werksflugplatz ab. Auf der über drei Kilometer langen Start- und Landebahn starten und landen an Werktagen bis zu 15 Flugzeuge. Auch am neuen Riesenvogel A380 wird in Hamburg gearbeitet. Hier erhält das mit maximal 853 Sitzplätzen ausgestattete Flugzeug seine Innenausstattung. Allein in der Sektion für Beschichtung und Lackierung sind bei Airbus 600 Mitarbeiter beschäftigt.
Auch Stadtbesucher können auf einer Werksführung einen Einblick in die High-Tech-Welt der Flugzeugbauer gewinnen. Zu Fuß und mit einer der drei werksinternen Buslinien geht es für 2,5 Stunden durch die Hallen. Auch das frühere Transportflugzeug *Super Guppy* steht auf dem Besichtigungsprogramm. Es wurde vor einigen Jahren durch den *Beluga*, eine der größten Frachtmaschinen der Welt, abgelöst, in deren Bauch ganze Flugzeugrümpfe oder Tragflächen verschwinden können.

HAFENKULTUR UND KULTUR IM HAFEN

Das Hafenmuseum hat die Entwicklung des Hamburger Hafens und der Umschlagstechniken zum Thema. Es gibt u.a. Schuten, Sauger, eine Kaffeeklappe sowie eine historische Kaianlage zu sehen sowie wechselnde Vorführungen auf Schiffen oder an der Kaistrecke. Vom Nordufer der Elbe bei den Landungsbrücken ist das feste knallgelbe Theaterzelt am gegenüberliegenden Elbufer bestens auszumachen. Seit mehreren Jahren läuft hier das Musical *König der Löwen*. Zuschauer reisen mit theatereigenen Barkassen über den Strom an.
Die Barkassen der *Maritime Circle Line* verbinden auf regelmäßigen Rundtörns mehrere Stationen im Hafen: Landungsbrücke 10, *Cap San Diego*, Speicherstadt, HafenCity-Traditionsschiffhafen, Ballinstadt, Hafenmuseum. Passagiere mit einem Tagesticket können die Fahrt beliebig oft unterbrechen.

WEITERE INFORMATIONEN

Airbus Deutschland GmbH: Kreetslag 7, www.airbus.com, www.airbus-werksfuehrung.de, **Hafenmuseum:** Am Schuppen 50 A, Australiastr., www.hafenmuseum-hamburg.de, **Maritime Circle Line:** www.maritime-circle-line.de, **Theater im Hafen Hamburg:** Norderelbstr. 6, www.stage-entertainment.de/musicals

Die Geschichte der Ballinstadt begann vor 100 Jahren, als Albert Ballin von der Reederei HAPAG Auswandererhallen im Hamburger Hafen errichten ließ, wo Auswanderungswillige aus Mittel- und Osteuropa auf die Abfahrt ihres Schiffes in die Neue Welt warten konnten (oben). Dioramen zeigen die Lebenssituationen der damaligen Zeit (rechts unten).

23 Auswandererwelt Ballinstadt

Letzte Station vor der Neuen Welt

Unerträgliche Armut, dazu religiöse und politische Unterdrückung waren für viele Millionen Menschen Grund genug, ihre Heimat hinter sich zu lassen und die gefahrvolle, lange und unbequeme Reise über den Atlantik in eine ungewisse, aber hoffnungsvolle Zukunft in der Neuen Welt auf sich zu nehmen. Allein in den Hamburger Schiffslisten sind die Namen von fünf Millionen Auswanderern notiert.

Zwischen 1850 und 1934 machten sich rund fünf Millionen Auswanderer aus Deutschland und Ländern Osteuropas über Hamburg, ihren »Port of Dreams«, in die Neue Welt auf. Im Stadtteil Veddel, am östlichen Rand des Hafens, wurden viele dieser Auswanderergeschichten geschrieben. Die meisten verlebten ihre letzten Tage in Europa in der vom Hamburger Reeder Albert Ballin 1901 errichteten Ballinstadt für Emigranten. Drei ihrer Wohn- und Schlafpavillons sind inzwischen rekonstruiert. Auf 2000 Quadratmetern Ausstellungsfläche erzählen rund 1500 Originalexponate, Schiffslisten, Polizeiakten, Ausrüstung oder Videointerviews von Hoffen und Angst, von Ungewissheit und Erleichterung. An interaktive Stationen können Besucher in die Rolle der Emigranten schlüpfen und das Warten auf die Schiffsabfahrt nachempfinden. Auch die Vorfahren von Barbra Streisand, Woody Allen oder Steven Spielberg sind über Hamburg nach Nordamerika ausgewandert.

Auf in die Neue Welt

Seit Beginn des 19. Jahrhunderts hatte sich die soziale und wirtschaftliche Lage in Mittel- und Osteuropa drastisch verschlechtert. Starkes Bevölkerungswachstum, auch durch medizinischen Fortschritt, war während der Industriellen Revolution begleitet von der Vernichtung traditioneller Arbeitsplätze. Für viele Landarbeiter bedeutete die Einschränkung der Leibeigenschaft, dass deren Gutsherren nicht mehr für sie sorgen mussten, sie aber auch ohne Erlaubnis fortreisen konnten. Alle Auswanderer lockten die nahezu »unbegrenzten Möglichkeiten« in der Neuen Welt. In Nordamerika wurden viele Einwanderer gebraucht, um den Kontinent zu erobern und eine neue Gesellschaft aufzubauen. Hamburg hatte sich nach dem Ende der Napoleonischen Kriege 1815 mit der Förderung der Auswanderung zunächst vornehm zurückgehalten. Der Senat fürchtete, dass viele der oft mittellosen Emigranten, von den Schiffen nicht mitgenommen, der Staatskasse zur Last fal-

len könnten. Doch das Bremer Vorbild, wonach Auswanderer als lebende Fracht den Transatlantikhandel profitabler machten, überzeugte auch die Hamburger Kaufleute und Reeder. Langsam stieg die Zahl der »Paketschiffe« an. Die Passagiere bevölkerten auf der rund siebenwöchigen Reise das rund 1,70 Zentimeter hohe Zwischendeck der Segelschiffe zwischen Laderaum und Oberdeck. Jedem Erwachsenen stand dabei eine Fläche von 188 x 63 Zentimeter zur Verfügung. Geschlafen wurde in doppelstöckigen Kojen, das Zwischendeck diente auch als Ess- und Aufenthaltsraum.

Die HAPAG-Reederei verdient mit Mitte des 19. Jahrhunderts ersetzten dampfgetriebene Schiffe sukzessive die Segler. Die Dampfer der Hamburger HAPAG waren bequemer und benötigten nur noch maximal zwei Wochen für die Strecke nach New York oder Baltimore. Mit einem weiteren Anschwellen der Auswandererzahl, vor allem durch Passagiere aus Osteuropa, wurde jedoch deren Unterbringung zwischen ihrer Ankunft an einem der Hamburger Bahnhöfe und der Abfahrt ihres Schiffes zum Problem. Hotels und Pensionen waren bereits überlastet und zudem für viele zu teuer. Die Stadt befürchtete die Ausbreitung ansteckender Krankheiten. Der Senat ließ Auswandererbaracken bauen und die HAPAG-Reederei entschloss sich, auf einem kostenlos von der Stadt zur Verfügung gestellten Grundstück, eine Pavillonstadt für 5000 Menschen zu errichten, die mit einer ärztlichen Station zur Untersuchung und Desinfizierung aller Auswanderungswilligen ausgestattet war. Gotteshäuser der katholischen und evangelischen Kirche sowie eine Synagoge sorgten für das geistliche Rüstzeug und spendeten Zuversicht.

»AUF NACH AMERIKA!«

Das Imbissrestaurant im Stil alter Speisesäle im Haus 3 der Ballinstadt bietet Salate und Kartoffelküche, dazu Labskaus und einige Fischgerichte. Nachmittags locken Kaffee, Kuchen und Speiseeis. Die historische Ballinstadt verfügte über zwei Küchen: Eine bereitete traditionelle europäische Gerichte zu, eine zweite wegen der vielen jüdischen Auswanderer koschere Speisen. Zusammen konnten sie bis zu 3000 Mahlzeiten pro Stunde servieren. Eine Barkasse bringt Besucher bei einer kleinen Hafenentdeckungstour von den Landungsbrücken zur Ballinstadt, Landungsbrücke 10. Besucher des Museums können sich an mehreren Terminals selbstständig auf die interaktive Suche nach ausgewanderten Familienmitgliedern begeben. Nicht nur die Hamburger Passagierlisten stehen dafür zur Verfügung, sondern ein Zugriff auf viele digitalisierte Datensätze weltweit. Die Suche ist kostenlos. Wer Hilfe in Anspruch nehmen möchte, zahlt eine kleine Gebühr.

WEITERE INFORMATIONEN

Ballinstadt Auswanderermuseum:
www.ballinstadt.de

Viel Betrieb am Vorsetzen beim Portugiesenviertel (oben). Hier liegen Jachten und das Museumsschiff *Rickmer Rickmers* (rechts unten). Ab und zu schauen Kreuzfahrtschiffe vorbei (rechts oben).

24 Vorsetzen und Johannisbollwerk

Seefahrerromantik mit Museumsschiffen

Von der U-Bahn, die hier Hochbahn heißt, weil sie auf einer Stahlkonstruktion hoch über dem Straßenzug Baumwall, Vorsetzen und Johannisbollwerk entlangfährt, haben Fahrgäste einen guten Blick auf das im nautischen Stil erbaute Verlagsgebäude von Gruner & Jahr sowie auf den Elbstrom mit den Museumsschiffen nicht weit vom Ufer.

Die *Cap San Diego* lief 1961 als letztes Schiff der »Kap-San-Reihe« vom Stapel. Der »weiße Schwan des Südatlantik« gilt als größtes Museumsschiff weltweit, das noch fahrtüchtig ist. Der elegante Stückgutfrachter bediente einst die Route nach Südamerika und transportierte neben Maschinen und anderen Industrieprodukten auch lebende Rinder oder Kuhfelle. Rund 5000 D-Mark kostete einst die Passage in den Passagierkabinen des Frachters von Hamburg nach Buenos Aires. Auch heute kann man in den sachlich-komfortablen 1950er-Jahre-Kabinen übernachten. Mit 95 Euro pro Nacht in der Doppelkabine ist es etwas günstiger als damals, jedoch ohne Atlantiküberquerung. Zum Hafengeburtstag und anderen Gelegenheiten geht die *Cap San Diego* wieder auf allerdings kleine Fahrt, auf der Elbe bis Cuxhaven oder durch den Nord-Ostsee-Kanal bis nach Kiel.

Die *Rickmer Rickmers*, auch ein schwimmendes Wahrzeichen der Stadt, wurde 1896 in Bremerhaven gebaut. Der dreimastige, 97 Meter lange Großsegler transportierte Salpeter aus Chile und Reis aus China nach Hamburg. Später verkauft, im Ersten Weltkrieg von Portugal konfisziert, später als portugiesisches Segelschulschiff im Dienst, danach als Depotschiff im Marinehafen auf seiner vermeintlich letzten Station angekommen, gelangte es 1983 in den Besitz des Vereins *Windjammer für Hamburg*, der es nach vielen Hundert Stunden Restaurierungsarbeiten der Stiftung Rickmer Rickmers übergab. Diese finanziert Unterhalt und Pflege ohne staatliche Zuschüsse. Seit 1987 liegt das schnittige Schiff am Fiete-Schmidt-Anleger und bietet neben dem Flair der weiten Welt eine Ausstellung über die Geschichte der Reederei, Veranstaltungen und ein kleines Restaurant. Restaurierte Crew- und Offiziersquartiere geben Einblicke in das Alltagsleben an Bord.

Ein 1952 in Dienst gestelltes knallrotes englisches Feuerschiff hat nach 40 Jahren den Liegeplatz als schwimmendes Seezeichen vor der englischen Küste gegen ein geschütztes Plätzchen im Hamburger Sporthafen getauscht. Sein zweites Le-

ben als Bar, Restaurant und Minihotel hört sich zumindest kurzweiliger an. Dazu kommen noch regelmäßige Jazzkonzerte mit Frühschoppen am Sonntagmorgen auf der kleinen Bühne im ehemaligen Maschinenraum, Jamsessions und Lesungen.

Portugiesenviertel mit skandinavischen Seemannskirchen

Portugiesenviertel heißt das Quartier gleich hinter den Vorsetzen und dem Viadukt der Hochbahn. Entlang der nach dem Kapitän, Piratenjäger und Hamburger Bürgermeister aus dem 16. Jahrhundert benannten Ditmar-Koel-Straße reiht sich ein portugiesisches Lokal an das nächste. Vor allem an Wochenenden ist das Viertel bestens besucht. Der Name geht nicht etwa auf die sephardischen Juden aus Portugal und Spanien zurück, die Hamburg auf der Flucht vor der katholischen Inquisition Ende des 16. Jahrhunderts erreichten. Das Viertel ist erst knapp 400 Jahre später entstanden, mit der Welle von »Gastarbeitern«, die damals auch in Portugal angeworben wurden. Rund 10 000 Hamburger fühlen sich der portugiesischen Gemeinde zugehörig, mehr als in jeder anderen Stadt in Deutschland. Doch nicht nur Portugiesen, auch Skandinavier fühlen sich in Hafennähe wohl. So sind in der Ditmar-Koel-Straße auch die Seemannskirchen Norwegens, Dänemarks, Finnlands und Schwedens zu finden. Vor allem die über 100 Jahre alte schwedische Kirche aus dunkelrotem Klinker, mit Klubraum und Bibliothek, Bildern der Königsfamilie, Teestube sowie der Gustav-Adolfs-Kirche im ersten Stock hat eher den Charakter einer gemütlichen Begegnungsstätte, in der jeder willkommen ist.

FREUDENTAUMEL MIT SCHIFFSPARADEN

Anfang Mai zum Hafengeburtstag herrscht in der Hansestadt jedes Jahr drei Tage lang Party-Alarm zwischen HafenCity und Fischauktionshalle. Rund eine Million Besucher werden erwartet. Zu den Highlights gehört jedes Mal das »Ballett der Hafenschlepper«. Ein weiteres Megaevent sind die Hamburg Cruise Days. Drei Tage im August dreht sich alles um Kreuzfahrtschiffe, mit Musik, Events und einer Parade von einem halben Dutzend Cruiselinern. Der Lichtkünstler Michael Batz macht den Hafen zum »Blue Port« und taucht ihn in ein magisches blaues Licht. Im portugiesischen Familienrestaurant Porto von Dona Alice werden seit 25 Jahren eine köstliche Paelha de Peixe und andere iberische Gerichte zubereitet.

WEITERE INFORMATIONEN

Das Feuerschiff: Vorsetzen, Sporthafen, www.das-feuerschiff.de, **Hafengeburtstag:** www.hafengeburtstag.de, **Hamburg Cruise Days:** www.hamburgcruisedays.de, **Museumsschiff Cap San Diego:** Überseebrücke, www.capsandiego.de, **Porto:** Ditmar-Koel-Str. 15, www.restaurante-porto.de, **Rickmer Rickmers:** Landungsbrücken, Ponton 1a, www.rickmer-rickmers.de, **Schwedische Gustav-Adolfskirche:** Ditmar-Koel-Str. 36, www.svenskakyrkan.se

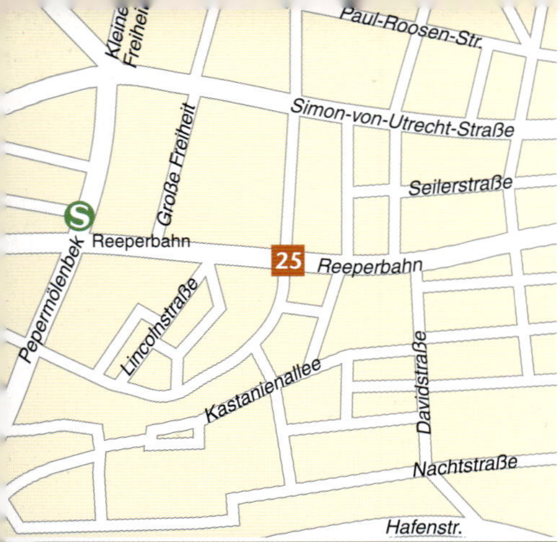

Auch wenn sich der Charakter von Reeperbahn, Großer Freiheit und St. Pauli in den letzten Jahren gewandelt hat: Kneipen und Musikclubs gibt es hier im Überfluss, und natürlich auch noch einige Striptease-Lokale (oben und rechts).

25 Reeperbahn

Das Rotlichtviertel mutiert zum Szenequartier

»Auf der Reeperbahn nachts um halb eins ...«, besang Hans Albers einst Liebe und Vergnügen auf St. Pauli. Doch die sentimentale Seefahrerromantik ist schon lange Geschichte. Inzwischen haben Urlauber auf Städtekurztrip die Rolle der liebeshungrigen Matrosen übernommen. Und auch das Rotlichtviertel hat sich mit Theatern, Musicals, Restaurants und schicken Nachtclubs aufgehübscht. Doch Striptease-Bars und käufliche Liebe gibt es immer noch.

Die Reeperbahn ist eigentlich nicht die »geile Meile«, die Udo Lindenberg besingt, sondern mit 930 Metern nicht einmal einen Kilometer lang. Dafür stauen sich auf dem relativ kurzen Straßenstück 15 Theater und Cabarets, 16 Stripbars und Nachtclubs sowie neun Sexshops, in denen man alles kaufen kann, was das Herz oder andere Körperteile begehren könnten.

An guten Wochenenden ziehen rund 200 000 Amüsierwillige die Reeperbahn entlang und durch das Viertel, das längst nicht mehr darauf ausgerichtet ist, Seeleuten auf Landgang Zerstreuung zu bieten. Klar, die Herbertstraße und andere Etablissements bieten nach wie vor käufliche Liebe an, doch längst gibt es renommierte Musicalbühnen, Auftritte von internationalen Livebands, Systemgastronomie und Design-Hotels. Angesagte Kneipen und Musikkultur spielen eine ebenbürtige Rolle in Sachen Sünde und Verruchtheit. Das neueste Bauprojekt, die für 180 Millionen Euro errichteten *Tanzenden Türme*, zwei ineinander verdrehte Hochhäuser gleich am Anfang der Reeperbahn, beherbergen Restaurants auf hohem Niveau und mit Weitblick, ein Hotel und Büros.

Lange waren hier die Seiler zu Hause, Reepschläger, die bis zu 300 Meter lange Seile für Schiffe und Gewerbe fertigten. Sie gaben der damals überhaupt nicht sündigen Meile ihren Namen. Nachdem St. Pauli 1833 nach Hamburg eingemeindet wurde, Theater und andere Tanzlokale und andere Etablissements, darunter einige Bordelle für Seeleute eröffneten, entwickelte sich das hafennahe Viertel langsam zum Tummelplatz für Vergnügungen aller Art. In den Schlagzeilen ist St. Pauli mit der Reeperbahn und dem Rotlichtviertel eigentlich immer geblieben. Das Eros-Center, ein Großbordell an der Reeperbahn, erregte ab 1976 Aufsehen: Von Kämpfen unterschiedlicher Zuhältergangs war die Rede, von Abzocke

GROSSE FREIHEIT
36
Colibri
36
GROSSE FREIHEIT 36
FREIHEIT36
Hotel

Heute präsentiert sich die Reeperbahn mit ihren Nebenstraßen als Amüsierviertel, mit Sex und Erotik, Comedy und Theater, Musik und Stadtteilgeschichte. Die Kulttoiletten des St.-Pauli-Museums mit ihrer illustrierten Tapeten im Collagestil wurden von Olav Wittenberg gestaltet (unten).

unbedarfter Touristen, dann von Banden albanischer, türkischer oder kurdischer Herkunft im Kampf um die Vorherrschaft auf dem Kiez, einhergehend mit Drogen- und anderer Kriminalität. Gleichzeitig sind Reeperbahn, Spielbudenplatz, Hans-Albers-Platz oder Hamburger Berg wieder schwer angesagt. Neben schmuddeligen Bierschwemmen haben Musikkneipen und Szenelokale eröffnet, die quietschbunte Cocktails servieren. Um die Ecke warten einige »Bordsteinschwalben« auf Kundschaft. Matrosen von Schiffen aus dem Hafen sind nur noch selten darunter.

Spielbudenplatz mit Tradition

Schon Ende des 18. Jahrhunderts zogen Gaukler, Possenreißer und Artisten auf den Platz mit den Spielbuden. Eigentlich hat sich daran bis heute nicht viel geändert. Verschiebbare Bühnen und der große Platz dazwischen bieten Raum für Rockkonzerte, nächtliche Flohmärkte, den frivolen Weihnachtsmarkt Santa Pauli und allerlei andere Volksbelustigungen. Am Rande locken das Schmidt-Theater, Schmidts Tivoli, das Operettenhaus mit Musicalprogramm, das St.-Pauli-Theater, die Davidwache und das 1879 gegründete Panoptikum. Das ist nicht etwa nur ein Ableger von Madame Tussauds, sondern ein Hamburger Original und gleichzeitig das älteste und größte Wachsfigurenkabinett Deutschlands. Besucher können rund 140 Prominenten tief ins Auge schauen, Michael Jackson, Udo Lindenberg, Otto Waalkes oder Lena Meyer-Landrut.
In das St.-Pauli-Theater, ebenfalls am Spielbudenplatz, ziehen seit seiner Eröffnung 1841 als Urania-Theater die Zuschauer. Später übernahm es der Schauspieler Ernst Drucker, dessen Namen das Spielhaus bis 1941 trug, bis das *Amt für Kunstpflege* ermittelt hatte, dass Ernst Drucker jüdische Vorfahren gehabt hatte. Seit Kurzem trägt das St.-Pauli-Theater

wieder den Namen Ernst Drucker im Zusatz. Gespielt werden vor knapp 1200 Zuschauern Stücke des modernen Unterhaltungstheaters, häufig mit bekannten Schauspielern, dazu Kabarett auf hohem Niveau.

Großstadtrevier Davidwache

Die berühmteste Polizeiwache der Republik, die Davidwache, steht am südlichen Ende des Platzes, an der Ecke zur Davidstraße. Das markante Gebäude, ein Klinkerbau des Architekten und Stadtplaners Fritz Schumacher, bezog die Ordnungsmacht bereits 1914. Wer hier Dienst tut, kann sich über Langeweile nicht beklagen. Die rund 125 Beamten der Wache und des dazugehörigen Polizeikommissariats gehen prinzipiell zu mehreren auf Streife. Diverse Videokameras im Viertel, dazu ein Flaschen- und Messerverbot auf der Straße dämmen die Gewalt zumindest etwas ein. Das Großstadtrevier aus der bekannten TV-Vorabendserie mit Jan Fedder spielt zwar überwiegend auf St. Pauli, ist aber weder in der Davidwache noch sonst irgendwo in St. Pauli zu finden. Gedreht wird seit über 20 Jahren in der Mendelssohnstraße in Hamburg-Bahrenfeld. Eine echte Polizeiwache ist dort allerdings nicht.

Gleich um die Ecke von der Davidwache geht die berüchtigte Herbertstraße, eine schmale, nur 100 Meter lange Bordellstraße, von der Davidstraße ab. In gewisser Weise ist sie sogar verkehrsberuhigt, Sichtblenden an beiden Seiten verhindern nicht nur verbotene Blicke Minderjähriger, sondern auch die Zufahrt von Fahrzeugen. Diese Sichtblenden gibt es erst seit der Nazizeit. Prostitution war damals offiziell verboten, dieses Verbot ließ sich aber auf St. Pauli nicht durchsetzen. So war die Herbertstraße ein Kompromiss: die Sichtblenden verbargen, was es nicht geben durfte, aber dennoch gab.

Die berühmte Davidwache am Spielbudenplatz – zwischen Theatern und Herbertstraße (oben). Im nostalgischen *Panoptikum* sind Prominente von Elvis bis Uwe Seeler in Wachs verewigt (links). In *Schmidts Tivoli* laufen mit großem Erfolg schräge Revuen (unten).

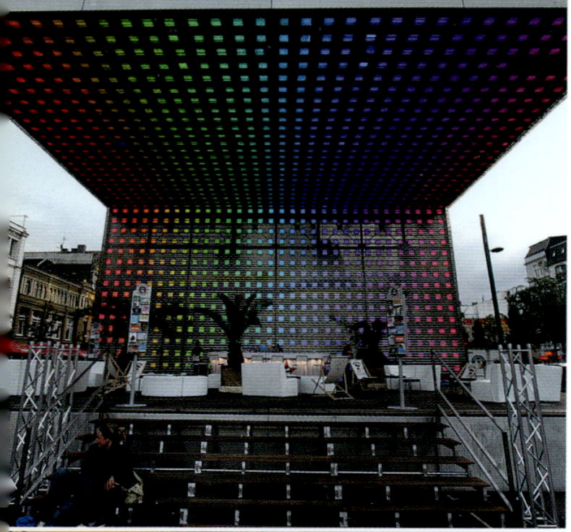

Zwei große Bühnen begrenzen den Spielbudenplatz an der Reeperbahn (oben und unten). Auf dem Beatles-Platz geben stählerne »Fab Four« ein Dauerkonzert (rechts unten). Das *Freudenhaus* (rechts oben) lädt ein zu lukullischen Freuden.

Heute steht dort zwar ein Schild, das Jugendlichen und Frauen den Durchgang verbietet, doch wie jede öffentliche Straße ist natürlich auch die Herbertstraße für alle zugänglich. Doch die käuflichen Damen, die ihre einschlägigen Dienste mehr oder minder bekleidet in den Schaufenstern offerieren, schätzen keine weiblichen Flaneure. Ab und an, so wird zumindest berichtet, kann ein Wasserguss aus einem oberen Fenster ganz zufällig, aber wie gezielt unerwünschte Passantinnen vertreiben.

Nur einige Schritte vom Epizentrum der käuflichen Liebe entfernt betreibt die Familie Cuneo schon seit 1905 in dritter Generation das gleichnamige italienische Restaurant, das erste in Hamburg und schon seit Langem abendlicher Treffpunkt von Machern und Kommentatoren aus der Kultur- und Medienszene der Stadt. Das erst 2010 gegründete St.-Pauli-Museum liegt nur einige Schritte weiter, vis-à-vis einer Kneipe namens *Pilsbörse* und einem Tattoostudio. Museumsgründer und St.-Pauli-Fotograf Günter Zint geht es darum, Geschichten vom Kiez und seinen Bewohnern zu erzählen, mit eindrucksvollen Bildern und Hintergrundinformationen – so vom Varieté-Star und späteren Widerstandskämpfer Sylvin Rubinstein oder der bundesweit bekannten Hamburger Prostituierten, Domina und Streetworkerin Domenica Anita Niehoff.

Auf den Spuren der Beatles

Die Stadt, in der die Beatles 1960 ihre ersten Auftritte hatten, ehrt die »Fab Four« inzwischen mit einem eigenen Museum. Alte und junge Beatlesfans zieht es zum Beatles-Museum »Beatlemania« mit einem eigenen Beatles-Platz. Der ist passend gestaltet, wie eine riesengroße Schallplatte und flankiert von Silhouettenfiguren der Band aus glänzendem Stahl, ein beliebtes Fotoobjekt. Gleichzeitig ist er nicht weit von den Auftrittsorten der »Pilzköpfe« auf der Reeperbahn und in der Großen Freiheit entfernt, wo die junge Band aus Liverpool damals noch mit Stuart Sutcliffe und dem Schlagzeuger Pete Best, aber ohne Ringo Starr nachts bis zu sieben Stunden auf der Bühne stand. Doch die Reeperbahn hat auch ihre eigenen (kleinen) Legenden. Dutzende lebensgroße Bilder von knapp bekleideten Schönheiten, die für Strip-Shows und Nachtclubs werben, haben dem inzwischen über 85 Jahre alten Willi Ross zum Künstlernamen *Rubens von St. Pauli* verholfen. Und bei der Kiez-Tour mit der Dragqueen Olivia Jones ist man mit einer bekannten Kiez-Diva unterwegs.

Große Freiheit

Eigentlich ein passender Name für die Seitenstraße zur Reeperbahn. Heute findet man hier diverse Musikclubs, wie Große Freiheit 36 mit dem Kaiserkeller oder das Grünspan und Top Ten. Auch das Indra, in denen schon die Beatles vor gut 50 Jahren auftraten, zeigt sich nach wie vor als quicklebendiger Musikclub, in dem Livebands Funk, Soul, Blues und Rock 'n' Roll spielen.

Große Freiheit Nr. 7 hieß auch ein Film mit Hans Albers und Ilse Werner unter der Regie von Helmut Käutner, dessen Aufführung 1944 von Goebbels verboten wurde, weil das Melodram um Liebe, Eifersucht und Seefahrt mit seinen Protagonisten weder den erwünschten Heldenmut noch ein sauberes Milieu zeigte.

Bis in die 1990er-Jahre war die Große Freiheit wegen ihrer Striptease- und Sex-Shows, die keine Details ausließen, international bekannt. Diese Zeiten sind vorbei, auch wenn das *Safari* noch »Erotik-Shows« auf die Bühne bringt, die im Internet-Zeitalter jedoch nicht mehr wirklich schockieren können. Auch das *Sex-Theater Salambo* in der Großen Freiheit 39 hat nach diversen juristischen Auseinandersetzungen schon seit 1997 geschlossen. Inzwischen unterhält hier ein Lokal seine Gäste mit amerikanischem Table Dance. Im Hinterhof des St.-Pauli-Museums erinnert an den legendären *Starclub*, der an dieser Stelle zwischen 1962 und 1969 Musikgeschichte schrieb. Unter mehreren Hundert Bands und Musikern, die hier auftraten, waren auch die Searchers, Bill Haley, Chuck Berry, die Cream, Jimi Hendrix, Black Sabbath, Ray Charles oder Fats Domino. Allein die Beatles standen rund 90 Mal auf der Bühne des umgebauten Kinosaals.

Doch die Große Freiheit hat ihren Namen nicht wegen sexueller Freizügigkeit oder besonderen musikalischen Freigeistes erhalten. Die schon 1610 angelegte Straße gehörte damals nicht zu St. Pauli, sondern zum dänischen Altona. Handwerker, die nicht der Zunft angehörten und in Hamburg keine Chance hatten, außerhalb der strengen Standesordnung zu arbeiten, genossen die »große Freiheit«, sich gleich jenseits der Stadtgrenzen niederlassen zu können. Auch Glaubensgemeinschaften, die im protestantischen Regime in der Hansestadt keinen Platz fanden, konnten in Altona ihre Religion frei praktizieren. So präsentiert die kleine katholische St. Josephskirche versteckt zwischen erotischen Shows und schummrigen Bars ihr üppig dekoriertes barockes Portal. Der dänische König Friedrich III., der im Jahre 1658 über Altona regierte, billigte den nach dem Dreißigjährigen Krieg ersten Bau einer katholischen Kirche im Norden.

FESTIVALS, REVUES UND SHOWS

Drei Tage im September, beim Reeperbahnfestival, spielen 150 Bands auf 20 Bühnen, was die Gitarrensaiten hergeben. Am Spielbudenplatz ist auch sonst viel geboten: *Harry's Hafenbasar* ist ein Laden für Nautisches und fremde Kulturen, eigentlich eher ein Völkerkundemuseum und Kuriositätenkabinett. *Angie's Night Club* bietet Livemusik, DJs, Tanz und 100 verschiedene Drinks an der Bar. Im *Freudenhaus* herrscht traditionell gute Stimmung und viel Freude über die gute deutsche Küche und die internationale Weinauswahl. Das *Schmidts Tivoli* ist bekannt für schräge Revuen und Shows. Das letzte Erotik-Cabaret auf dem Kiez, das *Safari Nachtcabaret*, zeigt Szenen aus populären Musicals, allerdings ohne die Liebesszenen auszusparen.

WEITERE INFORMATIONEN

Angie's Night Club: Spielbudenplatz 27, www.angies-live-music-club.de, **Freudenhaus:** Hein-Hoyer-Str. 7–9, www.stpauli-freudenhaus.de, **Harry's Hafenbasar:** Erichstr. 56, www.hafenbasar.de, **Panoptikum:** www.panoptikum.de, **Reeperbahnfestival:** www.reeperbahnfestival.com, **Safari Nachtcabaret:** Große Freiheit 24–28, www.safari-cabaret.com, **Schmidts Tivoli:** Spielbudenplatz 24–28, www.tivoli.de, **St.-Pauli-Museum:** Davidstr. 17, www.kiezmuseum.de

In der restaurierten alten Altonaer Fischauktionshalle am Fischmarkt werden heute Events veranstaltet (oben). Die Fischauktionshalle im benachbarten St. Pauli existiert schon lange nicht mehr.

26 Fischmarkt Altona

Fische, Palmen und Kaninchen

Auf dem Fischmarkt am Sonntagmorgen treffen sich Nachtschwärmer aus St. Pauli und Frühaufsteher auf der Suche nach einem Fischbrötchen und einem kräftigen Kaffee auf Hamburger, die günstig eine Zimmerpalme erstehen möchten.

Manchen überfällt sofort das große Fernweh, wenn auf der nahen Elbe die großen »Pötte«, Containerriesen oder Kreuzfahrtschiffe, vorbeiziehen. Doch schon kommen vom Stand für Südfrüchte mit einem munteren Spruch wieder einige Bananen vorbeigeflogen. Ein Versuch, den lautstarken Aale-Dieter mit seinen Räucheraalen zu übertrumpfen. Hier gibt es vieles, von lebenden Kaninchen bis zu glitzernden Handy-Schalen. Fische und mehr werden an dieser Stelle schon seit mehr als 300 Jahren verkauft. Und aus dieser Zeit stammt auch die Tradition, die Stände ab 9.30 Uhr wieder abzubauen. Schließlich begann der Sonntagsgottesdienst in den umliegenden Kirchen punkt 10 Uhr. In der wie eine dreischiffige Basilika erbauten Altonaer Fischauktionshalle wurden früher die Fänge der Fischkutter versteigert. Am Sonntagmorgen ist die schmucke Halle ein beliebter Treffpunkt mit Jazz-Livemusik.

U-Boot in friedlicher Mission

Nicht weit entfernt ist der neue Liegeplatz des über 90 Meter langen sowjetischen Unterseeboots U-434 außer Diensten. Eine Besichtigung offenbart die Enge an Bord. Regelmäßig legt es zu kurzen Tauchgängen mit Gästen ab.

Alter jüdischer Friedhof

Vom Fischmarkt aus gut zu sehen reckt die Hauptkirche St. Trinitatis ihren 1694 erbauten und mit Kupfer beschlagenen Turm in den Himmel. Der barocke Innenausbau wurde in den Bombennächten des Zweiten Weltkriegs ein Opfer der Flammen bis auf den lächelnden Jesus auf einem im 13. Jahrhundert geschnitzten Kruzifix. Auf dem Jüdischen Friedhof Altona stammen die ältesten Gräber aus dem 17. Jahrhundert. In ihnen sind sephardische Juden bestattet, die vor der Inquisition in Portugal und Spanien nach Norden geflüchtet waren. Auch die Großmutter des Komponisten Felix Mendelssohn Bartholdy sowie Heinrich Heines Vater Samson sind hier bestattet.

INFORMATIONEN: Fischmarkt: Große Elbstr./St. Pauli Fischmarkt, sonntags ab 15. März 5–9.30 Uhr, ab 15. Nov. 7–9.30 Uhr; Jüdischer Friedhof Altona: Königstraße 10 a, www.jüdischer-friedhof-altona.de (Besuch mit Führungen)

27 Heiligengeistfeld

Jahrmarkt, Bunker und die »Kiezkicker«

Der Hamburger Dom, ein Volksfest mit Riesenrad, Losbuden und Achterbahnen, Zirkuszelten, Fanmeilen und Public Viewing bei Fußballevents – all das findet auf der mehr als zehn Hektar großen, unbebauten Fläche nicht weit vom Stadtzentrum entfernt statt.

Sehr viel ist vom Heiligen Geist auf dem gleichnamigen Feld nicht mehr zu spüren. Ein *Hospital zum heiligen Geist* aus dem 15. Jahrhundert, das hier Ländereien besaß, ist wohl für den Namen verantwortlich. Zum Frühling, im Sommer und Winter ist der Hamburger Dom vier Wochen lang ein Publikumsmagnet. Hier war die 1807 abgebrochene Domkirche Namenspate. Auf dem riesigen Gelände stellen über 250 Aussteller ihre gemütlichen oder nervenzerfetzenden Fahrgeschäfte auf und machen den Hamburger Dom zum größten Volksfest in Norddeutschland. Zur Stärkung bieten 80 Imbissbuden und Bratereien Kräftig-Würziges; hinzu kommen 55 Stände für süße Sachen. Übers Jahr genießen mehr als zehn Millionen Besucher gebrannte Mandeln, den Drachenmarkt und das 60 Meter hohe Riesenrad. Schon im 14. Jahrhundert bauten einige Gaukler und Händler ihre Stände im Schatten des damaligen Mariendoms auf.
Das Volksfest gleich nebenan findet bei jedem der stets ausverkauften Heimspiele des FC St. Pauli statt, das lange vor dem Anpfiff in den umliegenden Fan-Kneipen beginnt. Seit Ende der 1980er-Jahre gehört die Totenkopf-Flagge mit gekreuzten Knochen zum Vereinslogo des Stadtteilclubs – ein Symbol für die unangepassten Freibeuter der Liga. Dazu passt, dass das Millerntor-Stadion laut Mitgliederbeschluss keinen Namen eines finanzkräftigen Sponsors tragen darf.

Hochbunker mit Medien

Unübersehbar ragt ein klotziger Luftschutzbunker aus dem Zweiten Weltkrieg am Heiligengeistfeld 47 Meter in den Himmel von St. Pauli. Die Flakbatterien sind längst abgebaut, dafür sind diverse Medienunternehmen von Film, Foto oder digitaler Animation hinter den dicken Wänden. »Übel & Gefährlich« ist es eigentlich in der vierten Etage nicht, dafür bietet die ungewöhnliche Szenelocation mit Ballsaal und Turmzimmer sowie auf der Terrasse ein hochkarätiges Programm, das von politischen Debatten und Poetry-Slams bis zu Hardrock reicht.

INFORMATIONEN: Fußball-Club St. Pauli v. 1910: Heiligengeistfeld 1, www.fcstpauli.com; Übel & Gefährlich: Feldstr. 66, www.uebelundgefaehrlich.com

Das »Volksfest des Nordens« zieht dreimal im Jahr Hunderttausende aufs Heiligengeistfeld, die sich an Zuckerwatte, Wilder Maus und Riesenrad erfreuen (oben). Zwischen dem jeweils vierwöchigen Riesentrubel gastieren hier Zirkusse oder versammeln sich Zehntausende zum »Public Viewing« bei Sportereignissen.

28 Schanzenviertel und Karoviertel

»Nur Wasserwerfer machen wacher«

Alternativer Lebensstil und kreative Subkultur, das Schanzen- und das Karolinenviertel sind im Gespräch. Rund um den früheren Schlachthof hat sich in den letzten Jahren ein Trendquartier entwickelt. Hier leben viele Künstler und Kreative, Fotografen, Autoren, Musiker oder Modedesigner neben vielen »normalen« Menschen aus unterschiedlichen Kulturen. Dabei sind auch die Mieten drastisch nach oben geklettert.

Und mittendrin die Rote Flora (oben). Alternativ und kreativ: Hier sind Querdenker, junge Mode, Musiker und Medienleute zu Hause (unten und rechts). Dabei herrscht mit den alteingesessenen Bewohnern friedliche Koexistenz.

Die Schanze ist in. Sobald die Sonne scheint, schlürfen Hunderte ihren Galão auf der Piazza vor diversen portugiesischen Cafés, besuchen den Bio-Wochenmarkt oder lassen sich die frisch zubereiteten Kreationen von EIS Schmidt auf der Zunge zergehen. Alles vis-à-vis der mit radikalen Sprüchen dekorierten Roten Flora. Auch der Treffpunkt der Autonomen in einem seit mehr als 20 Jahren besetzten Theater gehört inzwischen zum avantgardistisch-szenigen Ambiente, in dem eine bekannte Cola-Marke mit dem Spruch wirbt: »Nur Wasserwerfer machen wacher.«

Der einstige Problemstadtteil, früher ein »sozialer Brennpunkt«, mutiert an Wochenenden abends zur Verlängerung des St. Pauli-Kiez. Dann wälzen sich auch hier die Massen zum alternativen Sightseeing von Bar zu Bar. Die Rote Flora ist bundesweit bekannt, als Hort radikaldemokratischer Stadtteilkultur mit regelmäßigen Diskussions- und Musikveranstaltungen sowie als Überbleibsel einer anarchischen Szene. Ginge es nach Umfragen im Viertel, wäre an eine immer wieder diskutierte Räumung gar nicht zu denken. Für die Mehrheit, auch der alteingesessenen Geschäfte, gehört die Rote Flora einfach dazu. Das alte, schon 1888 eröffnete Concerthaus Flora hatte in seiner langen Geschichte viele Theateraufführungen, Konzerte, Lesungen, Kinoaufführungen und auch Boxkämpfe gesehen, bis es in den 1960er-Jahren zur Filiale eines technischen Kaufhauses mutierte. Als dieses nach gut 20 Jahren dort ausstieg und Pläne bekannt wurden, nach einem radikalen Umbau hier das Musical Phantom der Oper aufzuführen, kam es zu massiven Protesten und 1989 schließlich zur Besetzung, die bis heute andauert. Die Betreiber haben übrigens nicht weit entfernt das Musicaltheater Neue Flora erbaut.

Zweimal im Jahr, am Vorabend des 1. Mai und spät am Abend des jährlichen Schanzenfestes Ende August, schlägt die Stimmung regelmäßig um, wenn Demo-Touristen aus nah und fern die Anlässe nutzen, mal so richtig »die Sau rauszulas-

Dr. AirWair Martens
LUCY
ATOMIC SALON
glashüttenst. 18/19

Gleich hinter der Roten Flora ein Rasenstück zum Enspannen, dahinter können Kletterkünstler die Wand eines Bunkers hinaufklettern (oben). »Flohschanze« nennt sich der riesige Flohmarkt rund um den früheren Schlachthof an der Grenze von Schanzen- und Karoviertel (rechts).

sen«. Dann sind mehrere Tausend Polizisten und gepanzerte Wasserwerfer im Einsatz. Die Bilder von brennenden Barrikaden und Straßenschlachten, die dann bundesweit die TV-Nachrichten beherrschen, gehören ebenso zum Ritual der Berichterstattung, haben aber mit dem Alltag auf der *Schanze* nur wenig zu tun. Medienberufe und andere Kreative sind hier zu Hause, Fotografen und Schreiber, Werber und Musiker, Designer aller Art, aber auch Aussteiger und alternative Lebenskünstler. Auch Hamburger mit afghanischer, türkischer, iranischer, portugiesischer und anderer Herkunft leben hier friedlich und munter zusammen. So üben sich türkische Schlachtereien und Gemüsemärkte mit einem Bio-Supermarkt, die alteingesessene *Konditorei und Café Stenzel* mit dem trendigen Patissier *Herr Max*, koreanische mit veganen Restaurants, ein altertümlicher Hosenladen mit urbanen Boutiquen, Kindergärten mit Loftbüros in friedlicher Koexistenz, auch wenn die Befürchtungen einer »Yuppisierung« des Viertels mit dem Steigen der Mietpreise für Wohnungen und Geschäfte lauter werden. Die Dichte von Restaurants und Imbissen, Cafés, Eisdielen und Weinläden wird schon jetzt in keinem anderen Hamburger Stadtteil übertroffen.

Neues Leben im Alten Schlachthof

Auch das Schlachthofviertel, das die Schanze vom Karolinenviertel trennt und heute beide lange getrennte Quartiere wie ein Scharnier verbindet, hat sich neu erfunden. Mit der *Bullerei*, dem Deli- und Gourmet-Restaurant des TV-Kochs Tim Mälzer in einer komplett umgebauten historischen Viehhalle, mit einer Kaffee-

rösterei, einem Musikkindergarten, mit Musikstudios und lokalen Labels, mit Open-Air-Partys und angesagten Konzerten im Musikclub *Knust*. In der alten Location, damals noch in der Brandstwiete in der Innenstadt, hatte sogar die seinerzeit kaum bekannte US-Band *R.E.M.* 1984 einen Auftritt.

Der städtische Schlachthof war ab 1865 aus der Innenstadt in ein Gelände hinter dem Sternschanzenbahnhof gelegt und im Laufe der Jahrzehnte immer weiter ausgebaut worden. Er wurde 100 Jahre nach seiner Gründung geschlossen. Auf einem Teil des Geländes befindet sich noch immer der Fleischgroßmarkt der Stadt, mit rund 200 Betrieben und 3000 Beschäftigten, ein anderer Abschnitt ist von Neubauten der Messe Hamburg in Beschlag genommen, die mit ihren riesigen Ausstellungshallen bis an Planten un Blomen im Osten grenzt.

Kreatives Kapital im Karoviertel

Gleich hinter dem ehemaligen Schlachthof und bis zu den Messehallen reichend beginnt das Karo-Viertel, in dem Sozial- und Genossenschaftswohnungen dem Trend zu schicken Eigentumswohnungen nachhaltigen Widerstand entgegensetzten. Herausgekommen ist ein lebendiges Wohnquartier mit rund 6000 Bewoh-

nern, in dem edelsanierte Altbauten neben kleinen Hinterhofwohnungen stehen, die einst Schlachthofarbeiter und deren Familien beherbergten, und in dem ein Sanierungsbeirat öffentlich die nächsten Schritte zur Verschönerung des Viertels diskutiert. Vor allem rund um die Marktstraße, mit inoffiziellem Straßenschild »Straße des kreativen Kapitals«, haben sich kleine Modedesignstudios etabliert, die mit Labels, wie Sium, Mägde und Knechte, Herr von Eden oder Nymphenfieber zeigen, dass Mode in Hamburg auch anders geht als mit Kostüm und Perlenkette oder mit Blazer und Lotsenmütze. Einige der mehrere Dutzend Designer, die in kleinen Läden ihre Modelle ausstellen und verkaufen, haben bereits internationale Aufmerksamkeit erzielt, wie Anna Fuchs aus der Karolinenstraße. Regionale Aufmerksamkeit ist allen garantiert, denn vor allem an Wochenenden ziehen junge Hamburger/innen in großen Scharen zumindest zum »window shopping« von Boutique zu Boutique.

Den netten Namen hat das Viertel vom 1895 erbauten Kohlekraftwerk Karoline, das fast 100 Jahre seinen Dienst tat. Vom einstigen Kraftwerk ist nur noch eine im neogotischen Stil errichtete Hausfront erhalten, die dekorativ in eine moderne Messehalle integriert wurde. Lange galt das frühere Arbeiterviertel als nicht sehr attraktiv. Eingequetscht durch den Schlachthof im Westen und das Kraftwerk im Norden, begrenzt durch die breite Karolinenstraße und die Messehallen im Osten sowie durch die Feldstraße und das Heiligengeistfeld im Süden, kamen sich viele Bewohner wie auf einer vergessenen Insel vor. Doch vor allem der Abriss des umweltbelastenden Kraftwerks und der Fortzug des Schlachthofs wirkten wie eine Befreiung. Inzwischen nutzt auch eine große Werbeagentur die kreative Atmosphäre und lanciert ihre bundesweiten Kampagnen aus dem Karolinenviertel.

KULINARISCHE ALTERNATIVEN IM SCHANZENVIERTEL

Die *Bullerei* von TV-Koch Tim Mälzer hat sich in einer komplett restaurierten ehemaligen Viehhalle in der Lagerstraße niedergelassen, mit szenigem Publikum. Wenige Schritte weiter geben sich wie früher Nachtschwärmer, Taxifahrer und Kreative die Klinke in die Hand, denn *Erikas Eck* in der Sternstraße hat täglich von 17 bis 14 Uhr (ja, genau so!) geöffnet. Bei *Herrn Max* am Schulterblatt gibt es Torten und Gebäck für stylische Leckermäulchen. Die Schokomousse Torte ist zum Niederknien. Das *Knust am Neuen Kamp* veranstaltet Musikpartys und Konzerte in der früheren Rinderschlachthalle. St. Pauli Spiele werden auf eine Großleinwand übertragen.

WEITERE INFORMATIONEN

Anna Fuchs: Karolinenstr. 27, www.annafuchs.de, **Bullerei:** www.bullerei.com, **Erikas Eck:** www.erikas-eck.de, **Mägde und Knechte:** Feldstr. 44, www.maegdeundknechte.com, **Herr Max:** www.herrmax.de, **Herr von Eden:** Marktstr. 33, www.herrvoneden.com, **Knust am Neuen Kamp:** www.knusthamburg.de, **Nymphenfieber:** Marktstr. 10, www.nymphenfieber.de, **Sium:** Marktstr. 27, www.sium.net

Hamburg ist urban, aber mit viel Natur. Ob im Stadtpark mit großer Liegewiese und Planetarium (oben), Planten un Blomen im Zentrum der Stadt (rechts) oder in Hagenbecks Tierpark im Stadtteil Stellingen (unten).

Rund um die Außenalster

Im Teehaus von Planten un Blomen wird in den Sommermonaten das Zubereiten, Servieren und Trinken des japanischen grünen Pulvertees Matscha zelebriert (oben). Abends zischen farbig angestrahlte Fontänen der Wasserorgel im Rhythmus der Musik in den Himmel (rechts unten).

29 Planten un Blomen

»Grüne Lunge« im Zentrum der Stadt

»Pflanzen und Blumen« werden in dem Landschaftspark im Zentrum der Stadt reichlich geboten. Dazu kommen Cafés, ein japanisches Teehaus, der Parksee mit Musikpavillon und Wasserspielen, die im Sommer farbig angestrahlte Fontänen zu Musikstücken in den Abendhimmel jagen. Allein der Rosengarten mit über 300 duftenden Rosensorten ist schon einen Besuch wert.

Der große Freizeit-und Erholungspark inmitten der Stadt erstreckt sich zwischen Gorch-Fock-Wall, Congress-Centrum und der Hamburg Messe. Nimmt man den Abschnitt der Großen Wallanlagen bis zum Millerntorplatz hinzu, breitet sich die abwechslungsreiche Grünanlage über 47 Hektar aus. Seit 1986, als der alte Botanische Garten offiziell in den Park integriert wurde, trägt das gesamte Areal den Namen Planten un Blomen, plattdeutsch für Pflanzen und Blumen.
Schon 1863 eröffnete die Zoologische Gesellschaft einen Tiergarten auf dem Gelände, deren erster Direktor den berühmten Namen Alfred Brehm trug. Später, nachdem mit Hagenbecks Tierpark im weiter nördlichen Stellingen ein erfolgreicher privater Zoo gegründet worden war, begann die Umgestaltung des Geländes zu einem Volks-, Vogel- und Vergnügungspark. Zur Niederdeutschen Gartenschau 1935 mussten über 1000 KZ-Häftlinge aus Neuengamme die Anlage umgestalten und eine den Nazis gefährliche erscheinende »Überfremdung durch ausländische Pflanzengemeinschaften« korrigieren.
Nach mehreren Internationalen Gartenbauausstellungen auf dem Gelände präsentiert sich Planten un Blomen heute als grüne Oase mit herrlichen Blumenbeeten, gepflegten Rasenflächen, Bächen, kleinen Seen und Kinderspielplätzen. Im feuchtwarmen Klima des 13 Meter hohen Tropenhauses gedeihen Orangenbäume und Schlingpflanzen aller Art, in einer anderen Klimazone Palmen und Kakteen.

Japan in Hamburg

Wer das hölzerne Tor zum japanischen Garten durchschreitet, findet sich plötzlich in einer anderen Welt. Bäche sprudeln über Felsen in kleine Teiche, die Landschaft leicht hügelig, mit sorgsam geschnittenen Büschen, Bambushainen und Ginkgobäumen. Im Sommerhalbjahr können Besucher an einer Teezeremonie in einem original japanischen Teehaus teilnehmen und Workshops zur

japanischen Kalligrafie oder einen Taiko-Trommelkurs besuchen. Parkstrauch- und Wildrosen, Kletterrosen oder Teehybriden, dazu historische Rosen, rund 300 Arten finden Freunde der schönen, aber dornigen Blume im Rosengarten. Er ist klassisch angelegt, mit Blütenbögen, Sitzecken und einem offenen Pavillon. Den Apothekergarten mit Heilkräutern aus aller Welt können Interessierte auch mit einem geführten Spaziergang erkunden. Von Mai bis September organisiert der Hamburger Apotheker-Verein regelmäßig Führungen, auf denen die Wirkungsweise der Pflanzen erläutert wird.
Ebenfalls in den Sommermonaten zeigen das Hamburger Polizeiorchester, internationale Chöre und andere Musikformationen in der dekorativen Konzertmuschel am Parksee, was sie drauf haben. Je nach Witterung versammeln sich mehrere Hundert Besucher, um der Musik zu lauschen oder im Sommer auf einer mitgebrachten Decke und bei einer Flasche Wein den bonbonfarben beleuchteten Wasserfontänen zuzuschauen, wenn sie im Takt mit bekannten Melodien wie der *Moldau* oder *Dr. Schiwago* aus dem Parksee in den Himmel schießen.

Krieg und Verantwortung

Einen krassen Gegensatz bildet das Duo von Denkmälern an der Ecke von Dammtorstraße und Stephansplatz. Ein wuchtiger steinerner Würfel mit dem Relief einer Marschkolonne von Soldaten stammt von 1936 und sollte nach dem ins Denkmal gemeißelten Motto »Deutschland muss leben, und wenn wir sterben müssen« im Sinne des damaligen nationalsozialistischen Senats an das Hamburger Infanterieregiment 76 und »seine unvergesslichen Heldentaten« erinnern. In Sichtweite dazu soll das in den 1980er-Jahren geschaffene unvollendete Denkmal des Wiener Bildhauers Alfred Hrdlicka die Bombennächte, Verfolgung und Widerstand in der Nazizeit im Gedächtnis erhalten.

CHIP-CHIP HURRA – SPIELKASINO HAMBURG

Gleich gegenüber der Parkanlagen, auf der anderen Straßenseite des Dammtordamms, zieht sich der schmale Gustav-Mahler-Park parallel zu den Bahngleisen Richtung Alster. Die Grünanlage erinnert an den ersten Kapellmeister (1891–97) des Hamburger Stadttheaters. Neben anderen Kunstwerken in der Anlage schaut eine Bronzestatue von Friedrich Schiller auf das ruhige Parkgeschehen. Gleich daneben, in einem Palais der Gründerzeit, bietet das *Casino Esplanade* die Chance auf große Gewinne beim Roulette, Black Jack oder Poker. An der Casino-Bar der *Spielbank Hamburg* werden interessante Cocktails serviert.

WEITERE INFORMATIONEN

Planten un Blomen: www.plantenunblomen.hamburg.de
Führungen im Apothekergarten: jeden zweiten Sonntag von Mai bis September, Info: 040-44804824.
Restaurant Rosenhof: Tiergartenstr. 2. Open-Air Sommercafé mit Terrasse, schlichter Küche und an Wochenendnachmittagen Live-Tanzmusik. mit kleiner Combo.
Spielbank Hamburg: Stephansplatz 10, www.spielbank-hamburg.de

30 Uni-Viertel

Medien- und Hochschulquartier

In den Stadtteilen Rotherbaum und Harvestehude ist die Universität Hamburg zu Hause. Aber nicht nur sie. Repräsentative Villen an der Außenalster, viele Konsulate, der Deutsche Tennisbund, Museen, Medien wie der NDR, dpa und einige Verlage, Theater sowie eine lebhafte Café- und Restaurantszene machen das Uni-Viertel zu einem abwechslungsreichen und lebhaften Stadtareal.

Morgens strömen Studierende aus dem S-Bahnhof Dammtor Richtung Universität. Die Nahverkehrszüge stoppen in einem wunderschönen Bahnhofsgebäude – einer der Fernbahnhöfe Hamburgs. Früher war hier ein Stadttor durch die Wallanlagen. Der aus hellem Sandstein und mit großen, von Jugendstildetails aufgelockerten Fenstern filigran wirkende Bahnhof hat früher, als Züge für Fernreisen noch eine größere Rolle spielten, auch gekrönte Häupter von Kaiser Wilhelm II. bis Königin Elisabeth II. von Großbritannien aussteigen sehen.

Hamburg ist Hochschulstadt

Längst ist die Universität Hamburg über ihr Hauptgebäude, einen 1911 eingeweihten Kuppelbau, hinausgewachsen. Die Lehr- und Forschungseinrichtungen der sechs Fakultäten, in denen rund 40 000 Studierenden 150 Studiengänge angeboten werden, erstrecken sich über diverse Gebäude überwiegend im Stadtteil Rotherbaum. Kein Wunder, dass die Kneipen- und Cafészene hier besonders ausgeprägt ist, und dass man in den Straßen rund um den zentralen Von-Melle-Platz die höchste Konzentration von Buchläden in der Stadt feststellen kann. Das Abaton-Kino, Deutschlands ältestes Programmkino mit 540 Plätzen in drei Sälen, zeigt viele Streifen abseits des Mainstream, nicht selten in Originalsprache, sowie Erstaufführungen. Oft finden Diskussionsveranstaltungen mit prominenten Gästen statt.
Insgesamt gibt es in Hamburg 20 staatliche und staatlich anerkannte Hochschulen, von der 1919 gegründeten Universität bis zur Hochschule für Angewandte Wissenschaften, von einer technischen Universität, der Bundeswehrhochschule, der Bucerius Law School bis zur jüngst gegründeten HafenCity Universität. Insgesamt sind knapp 90 000 Studierende an den Hamburger Hochschulen eingeschrieben.
Das Zoologische Museum gehört zu den wichtigsten naturwissenschaftlichen Forschungsmuseen Deutschlands. Entstanden ist es schon im 17. Jahrhundert,

Herbstliche Pausenstimmung vor dem Auditorium Maximum (oben). Sinnspruch über dem Portal des Hauptgebäudes: »Der Forschung, der Lehre, der Bildung« (unten). Die modernen Flügelbauten des Hauptgebäudes verdankt die Universität einer großzügigen Stiftung (rechts).

Unternehmensberatungen rekrutieren Nachwuchskräfte aus den Absolventen der Hochschule (oben). Das Hauptgebäude mit seiner charakteristischen Kuppel wurde bereits vor gut 100 Jahren errichtet (unten). Ein umgebauter Bunker aus dem Zweiten Weltkrieg erfährt als Medienzentrum eine Wiedergeburt (rechts unten).

zunächst aus Mitbringseln Hamburger Seeleute aus fernen Ländern. Aus der zehn Millionen Stücke umfassenden Sammlung von Tierpräparaten und -skeletten kann im öffentlichen Schaumuseum auf nur 2000 Quadratmetern immer nur ein kleiner Ausschnitt gezeigt werden. Beeindruckend ist das riesige Pottwalskelett. Und dann gibt es noch ein Wiedersehen mit der unvergessenen Antje, einst das Walrossmaskottchen des Norddeutschen Rundfunks aus Hagenbecks Tierpark, die lebensecht, aber ausgestopft, Besucher gleich am Eingang begrüßt. Auch ein präparierter Sibirischer Tiger schaut den Besuchern tief ins Auge, ebenso der große Eurasische Braunbär. Darüber hinaus hat das Mineralogische Museum der Universität hat viel zu bieten, aber nur einen geringen Bekanntheitsgrad. Zwei steingefüllte Bergbauloren am Eingang weisen Interessierten den Weg. Unter den 80 000 Exponaten, Mineralien, Kristallen und Meteoriten ragen neben der systematischen Mineralienausstellung der in Namibia entdeckte 424 Kilogramm schwere Gibeon-Meteorit sowie große Antimonit-Kristalle aus Japan heraus.

Zentrum jüdischen Stadtlebens

Das Grindelviertel ist eng mit der jüdischen Geschichte der Hansestadt verknüpft. Um die Wende zum 20. Jahrhundert lebten hier knapp 40 Prozent der jüdischen Bevölkerung Hamburgs. Hier stand die große Bornplatz-Synagoge, 1938 von den Nazis verwüstet und in Brand gesteckt. Daneben bildete die Talmud-Tora-Schule Kinder aus. Viele jüdische Bewohner wurden gezwungen, ihre Geschäfte, Grundstücke oder Wohnungseinrichtungen unter Preis an »Arier« zu verkaufen. Wer nicht hatte ausreisen oder fliehen können, wurde ab 1941 zum Sammelplatz zwischen dem Hauptgebäude der Universität und der Staatsbibliothek befohlen, um von dort in die Konzentrations- und Todeslager Osteuropas verfrachtet zu werden. Ein Gedenkstein am heutigen *Platz der Deportierten* erinnert an den Schandfleck der Hamburger Geschichte. Heute regt sich neues jüdisches Leben im Viertel. Auf dem Emil-Carlebach-Platz, dort, wo früher die 1906 erbaute Bornplatz-Synagoge stand, zeichnet ein Steinmuster deren Grundriss nach. Die frühere Talmud-Tora-Schule dient als jüdisches Gemeindezentrum und erneut als konfessionelle jüdische Grundschule. Das Café *Leonar* schräg gegenüber und ebenfalls im Grindelhof, bietet moderne jüdische Küche, von arabischen Mezze über russischen Borschtsch bis zum amerikanischen Bagel. Ein jüdischer Salon versteht sich als Forum zur Förderung und Diskussion jüdischer Kultur. Seit einiger Zeit bietet eine Weinhandlung im Grindelviertel sogar koschere Weine an.

Medien und Sport zwischen Grindelallee und Mittelweg

Das Uni-Viertel und die Stadtteile Harvestehude und Rotherbaum gelten auch als wichtiger Medienstandort. Das NDR-Funkhaus in der Rothenbaumchaussee – die Fernsehstudios befinden sich im Stadtteil Lokstedt – existiert bereits über 80 Jahre. Hier werden mehrere der NDR-Hörfunkprogramme produziert, sind die NDR Big Band, das Sinfonieorchester und der Chor des Senders zu Hause. Für die beliebten öffentlichen Konzerte und Work-

shops im großen Rolf-Liebermann-Studio auf dem Gelände sollte man sich rechtzeitig um Karten bemühen. Insgesamt arbeiten an den verschiedenen Standorten des NDR rund 3500 fest angestellte Kolleginnen und Kollegen, dazu kommen viele Hundert freie Mitarbeiter und diverse unabhängige Produktionsbetriebe. Im nicht weit entfernten Multimediazentrum in einer umgestalteten Bunkeranlage des Zweiten Weltkrieges haben der Lokalsender Hamburg 1 und das Regionalprogramm von SAT.1 ihren Sitz. Am parallel zur Rothenbaumchaussee verlaufenden Mittelweg sind auch nach Umzug der Zentralredaktion in die Bundeshauptstadt noch Teile der Deutschen Presseagentur dpa verblieben. Die Straße Rotherbaum, wo der Hamburger Sportverein HSV noch zu Regionalligazeiten sein Stadion hatte und sich Studenten auf den Sportanlagen der Universität tummeln können, ist auch Tennisfreunden ein Begriff. Das Tennisstadion am Rothenbaum ist nicht nur Sitz des Deutschen Tennisbundes, sondern auch Schauplatz eines neuntägigen sommerlichen ATP-Tennisturniers mit Profis aus aller Welt. Ansonsten wird das Gelände mit seinem knapp 14000 Zuschauer fassenden Center-Court gelegentlich als Event-Location genutzt.
Die Grindelhochhäuser, ein Dutzend neun- bis zwölfstöckiger Wohnriegel an der Grenze der Stadtteile Rotherbaum und Harvestehude, wurden schon 1956 auf einem im Krieg zerbombten Gelände fertiggestellt. Die hellgelben Klinkerbauten waren mit damals seltenem Luxus, darunter Fahrstühlen und Müllschluckern, ausgestattet. Nach wie vor sind die inzwischen renovierten Apartmentwohnungen äußerst begehrt. In den »gelben Riesen« leben gut 3000 Menschen.

KULTUR UND LEBENSART IM UNI-VIERTEL

Die Hamburger Kammerspiele in der Hartungstraße, ein renommiertes privates Sprechtheater mit vielen Ur- und Erstaufführungen, wurde bis 1989 von Ida Ehre geleitet. Das nicht weit entfernte *Abaton Kino* am Allendeplatz war das erste Programmkino Deutschlands und ist lebendiger denn je. Das Café *Leonar* im Grindelhof knüpft an die jüdische Tradition des Quartiers an, mit moderner jüdischer Küche sowie Veranstaltungen zu aktuellen zeitgeschichtlichen und kulturellen Themen im Jüdischen Salon. Auch das *Mezada* in der Rentzelstraße belebt das fast verschwundene jüdische Erbe. Mit rund 100 verschiedenen koscheren Weinen führt es das größte Angebot in Deutschland.

WEITERE INFORMATIONEN

Abaton Kino: www.abaton.de, **Café Leonar:** www.cafeleonar.de, **Hamburger Kammerspiele:** www.hamburger-kammerspiele.de, **Jüdischer Salon:** www.salonamgrindel.de, **Mezada:** www.hamburg-koscher.de, **Mineralogisches Museum Hamburg:** Grindelallee 48, www.museen.uni-hamburg.de, **Universität Hamburg:** Edmund-Siemers-Allee 1, www.uni-hamburg.de, **Zoologisches Museum Hamburg:** Martin-Luther-King Platz 3, www.uni-hamburg.de

Vor 100 Jahren erhielt das Museum für Völkerkunde ein eigenes Gebäude, das im Jugendstil errichtet wurde (oben). Später kamen weitere Anbauten hinzu. Gleich dahinter überrascht ein original chinesisches Teehaus aus Shanghai die Besucher.

31 Museum für Völkerkunde

Schatzkammer und Begegnungsstätte der Kulturen

Die Schatzkammer von gut 600 000 ethnologischen Artefakten ist gleichzeitig eine Begegnungsstätte verschiedener Kulturen. Ein umfangreiches Veranstaltungsprogramm mit Vorträgen und Konzerten korrespondiert mit den Ausstellungen im Museum.

Schamanenmasken aus Alaska, Hinterglasmalerei mit christlichen Motiven aus Rumänien, historische Fotos von Straßenszenen um 1900 aus dem Iran, Mumien aus dem alten Ägypten, Zwillingsfiguren der westafrikanischen Ewe-Kultur, Schmuck und Waffen der Aborigines aus Australien oder ein »Rauru«, Versammlungshaus der Maori in Neuseeland, gehören zu den Schmuckstücken des vielseitigen Museums.

Südseekulturen und Teezeremonie

Als »Tor zur Welt« kamen Hamburg und sein Hafen schon früh mit Kulturen rund um den Globus in direkten Kontakt. Einige völkerkundliche Exponate in der Stadtbibliothek legten 1842 den Grundstein für das Museum, das 30 Jahre später offiziell eröffnet wurde. Die inzwischen stark angewachsenen Sammlungen konnten 1912 in den neuen großen Klinkerbau an der Rothenbaumchaussee einziehen. Eine vom Museum initiierte Südsee-Expedition erkundete 1908–1910 die Kulturen vor allem in damals deutschen Protektoratsgebieten und Kolonien, wie dem Bismarck-Archipel und dem Kaiser-Wilhelm-Land, Teil der Insel Neu-Guinea, sowie auf den Karolinen- und Marschall-Inseln in Mikronesien. Die Sammlung zur polynesischen Kultur und die Indonesienabteilung gehören auch heute zu den meistbesuchten Attraktionen. Konzerte, Märkte und Festivals wie der Ostermarkt, der Markt der Völker im November oder ein Christkindlmarkt in der Vorweihnachtszeit machen das Museum auch zu einer Begegnungsstätte für Menschen aus unterschiedlichen Kontinenten und zu einer Event-Location.
Yu Garden, ein chinesisches Teehaus gleich hinter dem Museum, ist Hamburg von seiner Partnerstadt Shanghai vor einiger Zeit zum Geschenk gemacht worden. Hier sollen in naher Zukunft Besucher an Teezeremonien teilnehmen und sich ausführlich über chinesische Kultur und Geschichte informieren können. China ist immerhin der viertgrößte Handelspartner Hamburgs. Rund 300 chinesische Unternehmen mit mehr als 10 000 Mitarbeitern sind in der Hansestadt aktiv.

INFORMATIONEN: Museum für Völkerkunde: Rothenbaumchaussee 64, www.voelkerkundemuseum.com, mit Restaurant *Okzident*

32 Pöseldorf

Mode, Tennis und Musik

In dem putzigen, auch »Schnöseldorf« genannten Viertel am Rande des Stadtteils Rotherbaum zwischen der Tennisanlage am Rothenbaum und den Alsterwiesen sind Modefirmen, schicke Geschäfte und gepflegte Restaurants zu finden.

Die Villen entlang dem Harvestehuder Weg und mit Blick auf Alsterpark und Außenalter beherbergen Konsulate, Firmensitze, einige private Residenzen und die Hochschule für Musik und Theater der Hansestadt. In einem prachtvollen Neorenaissancebau von 1884 erlernen 750 Studierende Schauspielkunst, Dramaturgie, Regie, Komposition, das Dirigieren oder das Spiel einzelner Instrumente auf höchstem Niveau. Zahlreiche Veranstaltungen, auch im eigenen Theatersaal, wenden sich an ein öffentliches Publikum. Der für jedermann zugängliche Grünstreifen rund um die Außenalster erweitert sich hier zum Alsterpark mit großer Liege- und Spielwiese. Beim Bistro-Café *Cliff* und am Alsteranleger davor kann man bei kleinen Gerichten oder einer Latte Macchiato wunderbar entspannen.

Von Pöseldorf zum »Schnöseldorf«

Der ursprüngliche Charakter des Viertels, in dem hinter den Villengrundstücken an der Alster Handwerker, Dienstboten, Kutscher und kleine Gewerbetreibende herumge»pösel«t, also hantiert hatten, wurde spätestens in den 1960er-Jahren drastisch verändert, nachdem ein Hamburger Antiquitätenhändler und Baulöwe alte Handwerkshöfe zu Boutiquen oder schicken Restaurantadressen saniert, mit altenglischem Touch versehen und damit den Spottnamen »Schnöseldorf« provoziert hatte. Dem folgten noch einige Apartment- und Geschäftsgebäude in kantig-modernen Stil. Im »Dorf« haben auch Jil Sander, Wolfgang Joop und Uli Schneider mit ersten Modegeschäften ihre erfolgreichen Karrieren begonnen. Auch heute wird vor allem entlang der zentralen Milchstraße zwischen Restaurants, Schmuckläden, Bars und Galerien in einigen Boutiquen elegante Mode verkauft.

An der Milchstraße ist auch der gleichnamige Verlag entstanden, der mit den Zeitschriften *Cinema, Fit-for-fun, Tomorrow, Max* oder *TV-Spielfilm* für einige Jahre groß im Geschäft war und dessen Überreste heute zu Burda gehören.

INFORMATIONEN: Alster Cliff: Fährdamm 13, www.alster-cliff.de, Hochschule für Musik und Theater: Harvestehuder Weg 12, www.hfmt-hamburg.de

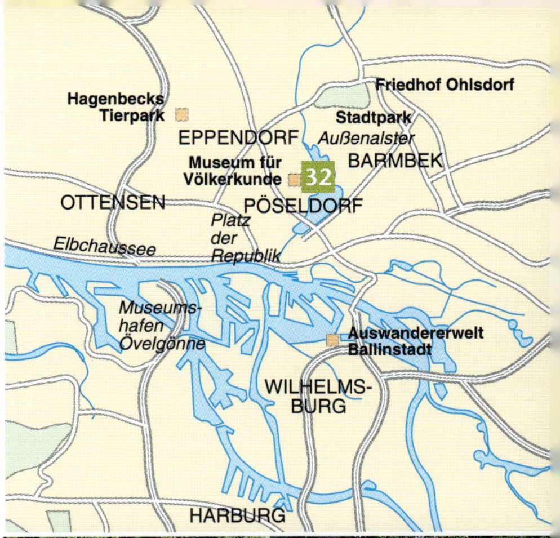

Gepflegte Gastronomie, italienisch und gutbürgerlich, überwiegt im Pöseldorfer Quartier (oben). Ein Fassadenbild dokumentiert, wie es hier früher einmal ausgesehen haben mag (unten).

Lindtner
CAFÉ - KONDITOREI

Im *Café Lindtner* an der Eppendorfer Landstraße treffen sich Alt und Jung zu einem netten Plausch.

33 Eppendorf

Zwischen bürgerlich und proletarisch

Eppendorf gehört zu den eleganten Stadtteilen Hamburgs, mit gepflegter Gastronomie, dem opulenten Isemarkt, Parks am Alsterlauf und großbürgerlichen Wohnungen aus Wilhelminischer Zeit entlang der Eppendorfer Landstraße. Weiter im Norden wird es »proletarischer«, hier erinnert ein Museum an den früheren Kommunistenführer Ernst Thälmann.

Bunte Blumengebinde, Spargelberge, frische Kräuter, Äpfel aus dem Alten Land, Fischdelikatessen und das beste Käseangebot in Hamburg: Zweimal in der Woche, jeden Dienstag und Freitag, ist der einen Kilometer lange Isemarkt unter dem Viadukt der U-Bahn, die hier logischerweise Hochbahn heißt, die Attraktion des Stadtteils. Praktisch ist das schon, bei Regen schützt das stählerne Dach gegen Regen, bei Sonne spendet es Schatten. Eigentlich, aber das sollte man gegenüber Eppendorfern nicht herauskehren, liegt der Markt zwischen den U-Bahn-Stationen Eppendorfer Baum und Hoheluft im Stadtteil Harvestehude. Seiner Beliebtheit tut das nicht den geringsten Abbruch. Das üppige Angebot an vielen Dutzend Ständen, von »normalem« Gemüse bis zu Trüffeln und Hummer ist vielen genauso wichtig wie das Beobachten des einen oder anderen (Halb-)Prominenten.

Noch Mitte des 19. Jahrhunderts zählte Eppendorf 1500 Einwohner, in der Gründerzeit nach 1871 gehörte die Gemeinde dann zu den Vororten von Hamburg. Als Eppendorf 1894 Hamburger Stadtteil wurde, hatte dieser bereits über 13 000 Bewohner, gut die Hälfte der heutigen Einwohnerzahl.

Schon zehn Jahre vorher hatte die Stadt damit begonnen, hier ein Allgemeines Krankenhaus zu errichten, aus dem später das Universitätskrankenhaus Eppendorf (UKE) mit heute 9000 Mitarbeitern und rund 4000 Studierenden hervorging. Inzwischen werden jährlich eine Viertelmillion ambulante und stationäre Patienten pro Jahr versorgt, hinzu kommen etwa 50 000 Notfälle. Das UKE ist auch international wegen seines hohen medizinischen Standards bekannt, zu dem auch Transplantationen von Leber, Nieren, Herz oder Knochenmark gehören.

Bürgerchic und Arbeitertradition

Die Eppendorfer Landstraße und ihre Nebenstraßen gehören mit ihren großbürgerlichen Wohnungen der Gründerzeit zu den gepflegten Wohnadressen der Stadt, auch die Konzentration von Ärzten aller

Gepflegte Balkonkultur. In Eppendorf wird Wert auf ein dekoratives Bild gelegt, natürlich auch auf einen guten Latte Macchiato (oben und unten). Der Alsterlauf – hier der Anleger Winterhuder Fährhaus – teilt die Stadtteile Eppendorf und Winterhude (rechts unten).

Fachrichtungen entlang der mit hochwertigen Geschäften gespickten Straße ist sicher nicht nur auf die Nähe zum UKE zurückzuführen. Weiter im Nordwesten, um die Fricke- und Kegelhofstraße, entstanden in der gleichen Zeit Arbeiterviertel. Hier, in der Tarpenbekstr. 66, ist auch das einzige Museum Eppendorfs, die Gedenkstätte Ernst Thälmann im einstigen Wohnhaus des Arbeiterführers untergebracht. Der Hafenarbeiter, Abgeordnete des Reichstags und Vorsitzende der KPD wurde 1933 in Berlin festgenommen und ohne Gerichtsurteil nach elfjähriger Einzelhaft am 18. August 1944 auf Befehl Hitlers im KZ Buchenwald erschossen. Die Ausstellung der Gedenkstätte schildert mit Dokumenten und Erläuterungen seinen Lebensweg und informiert über den politischen Widerstand vor allem der KPD in Hamburg von 1933 bis 1945. Nur wenige Hauseingänge weiter, in der Tarpenbekstr. 82, erinnert ein Gedenkschild am Geburtshaus von Wolfgang Borchert an den Dichter und Schriftsteller, dessen Kriegsheimkehrerdrama »Draußen vor der Tür« am 21. November 1947, einen Tag nach seinem Tod mit nur 26 Jahren, in den Hamburger Kammerspielen uraufgeführt wurde.

Für Kaffeegenießer und Barista

Seit 1923 sorgt die Kaffeerösterei Burg im Eppenorfer Weg für traditionell geröstete Bohnen und bestes Aroma in der Kaffeetasse. Und nicht allzu weit entfernt von Rösterei und Laden hat der Kaffee-Experte Jens Burg im benachbarten Stadtteil Lokstedt auch noch eine Sammlung mit über 3000 Exponaten von Kaffeemühlen, Säcken, Proben, Waagen und Werbeschilder zusammengetragen. Wer bei der Verkostung auf den richtigen Geschmack gekommen ist, kann sein Wissen als Hobby-Barista bei Seminaren noch vertiefen.

LEBEN UND GENIESSEN IN EPPENDORF

TV-Zuschauer kennen die *Eppendorfer Grillstation* am Eppendorfer Weg. Hier gibt es lecker Fritten rot-weiß und dazu Bier, zu denen Olli Dittrich als »Dittsche« wöchentlich live über »das wirklich wahre Leben« philosophiert. Dabei ist die Grillstation genau genommen in Hoheluft-West. Als Kontrastprogramm bietet das *Piment* am Lehmweg klassische französische Küche mit marokkanischem Einschlag. Beim Eppendorfer Landstraßenfest Ende Juni/Anfang Juli zwischen Kümmelstraße und Eppendorfer Baum sind 200000 Besucher auf den Beinen. Viele bleiben gleich auf der Gourmetmeile. Wer zu viel gegessen hat, kann es sich auf der Alster oder den Nebenkanälen wieder abtrainieren, mit einem Ruder- oder Paddelboot von einer Verleihstation.

WEITERE INFORMATIONEN

Bootshaus Silwar: Eppendorfer Landstr. 148b, www.bootshaus-silwar.com, **Eppendorfer Grillstation:** www.eppendorfer-grillstation.de, **Gedenkstätte Ernst Thälmann:** Tarpenbekstr. 66/Ernst-Thälmann-Platz, www.thaelmann-gedenkstaette.de, **Kaffeerösterei Burg:** Eppendorfer Weg 252, Kaffeemuseum Münsterstr. 23–25, www.kaffeemuseum-burg.de, **Piment:** www.restaurant-piment.de

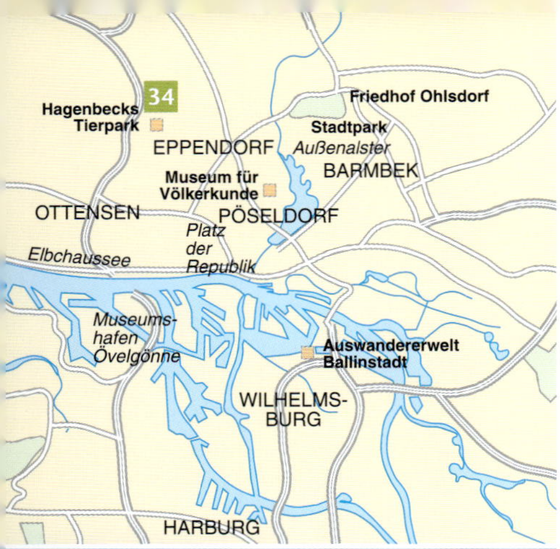

Tiergehege weitgehend ohne Gitter waren schon immer das Markenzeichen von Hagenbecks Tierpark. Dafür wurden Landschaften gebaut, die an die Heimat der exotischen Tiere erinnern (oben und rechts).

34 Tierpark Hagenbeck

Landschaften statt Käfige

Seit mehr als 140 Jahren erfreut der private Tierpark Hagenbeck Bewohner und Besucher der Stadt. Am Anfang stand eine Schau mit sechs Seehunden auf dem Spielbudenplatz von St. Pauli. Heute bietet der populäre Zoo auch tropische Unterwasserwelten, ein Eismeer mit polaren Bewohnern, Dschungelnächte, Affenfelsen und eine asiatische Elefantenherde.

Eigentlich hatte alles damit angefangen, dass Finkenwerder Fischern Mitte des 19. Jahrhunderts einige Seehunde mit ins Fangnetz geraten waren. Der Fischgroßhändler Gottfried Hagenbeck hielt es für eine gute Idee, die Tiere auf dem Spielbudenplatz den Hamburgern vorzuführen. Und die waren begeistert. Sein Sohn Carl eröffnete am Neuen Pferdemarkt, auch in St. Pauli, 1874 den ersten *Hagenbeck's Thierpark*.

»Völkerschauen« als Besuchermagnet

Bald fingen Jäger in seinem Auftrag wilde Tiere in Afrika: Löwen, Gazellen, Nashörner und Elefanten, die er an zoologische Gärten in den Metropolen Europas und weltweit weiterverkaufte. Eine Ladung von 30 Rentieren aus Lappland ließ er mitsamt einer Lappenfamilie nach Hamburg kommen, die mit den Tieren und Zelten gegen Eintritt gezeigt wurden. Nach dem großen Erfolg organisierte Hagenbeck auch »Völkerschauen« aus anderen Kulturen, die Zoobesuchern als typisch betrachtetes Leben von »Eingeborenen« exotischer Länder demonstrierten. Bald kaufte Hagenbeck im Stadtteil Stellingen einige Kartoffeläcker und ließ dort 1907 einen ganz neuartigen Tierpark anlegen. Die meisten Tiere lebten nicht in engen Gitterkäfigen, sondern in künstlichen Landschaften, die ihrer Heimat nachempfunden waren. Felsenmauern oder Wassergräben trennten sie von den Zuschauern. Sein Modell wurde bald weltweit nachgeahmt. Parallel baute Hagenbeck einen Zeltzirkus auf, dessen Tiere er mit »sanfter Dressur« zu Kunststücken animierte.

Moderner Zoo im Park

Heute zeigt der moderne Zoo in einer 25 Hektar großen Parklandschaft etwa 1900 Tiere von über 210 Arten und allen Kontinenten. Nimmt man die Tiere im 2007 eröffneten Tropen-Aquarium hinzu, hat der Zoo sogar weit mehr als 15000 tierische Bewohner. Darin ist noch nicht einmal das Ensemble von lebensgroßen Dinosauriern enthalten, die der Bildhauer Josef Pallenberg vor rund 100 Jahren ge-

schaffen hat. In dem »Urzeitgehege« am Birmateich fühlen sich auch die Riesenschildkröten wohl. Besonders stolz ist man im Tierpark auf seine Zuchterfolge, z. B. bei Asiatischen Elefanten, Rosa Pelikanen oder Sibirischen Tigern. Gleichzeitig ist der Tierpark Hagenbeck ist der einzige familiengeführte zoologische Garten Deutschlands, der ohne staatliche Zuschüsse für den laufenden Betrieb auskommen muss und ganz auf Eintrittsgelder, private Spenden und Sponsoren angewiesen ist.

Tierpanoramen

Freigehege wie das Afrikapanorama zeigen Tiere in ihrer natürlichen Umwelt nachempfundenen Landschaft. Im Tropen-Aquarium leben mehr als 14 000 Tiere: Säugetiere, Fische, Reptilien, Amphibien und Insekten. Auf einem Dschungelpfad können Gäste eine Expedition durch alle Lebensräume der Äquatorgebiete unternehmen. Tiere leben in verfallenen Hütten, alten Schränken; Toilette und Herd, Veranden sind bewohnt von den größten und giftigsten Schlangen. Tropische Fische bewohnen ein lebendes Korallenriff. Das große Hai-Atoll fasst 1,8 Millionen Liter Salzwasser. Eine 22 Zentimeter dicke, sechs Meter hohe und 14 Meter lange Glasscheibe ermöglicht fantastische Blicke in die farbenprächtige Unterwasserwelt mit Rochen, Drückerfischen und Muränen.

Und im neuen Eismeer ist die Faszination der Pole zu erleben. Robben, Walrosse, antarktische und arktische Pinguine, Seevögel und Eisbären sind ab 2012 in der Felslandschaft zu sehen. Gigantische Unterwassereinsichten gestatten die Beobachtung der Tiere auch beim Tauchen, Schwimmen und Spielen im nassen Element. Insgesamt fassen die Wasserbecken 5,3 Millionen Liter, das entspricht der Füllung von 35 000 Badewannen.

RAUBTIERFÜTTERUNGEN & DSCHUNGELNÄCHTE

Beliebt ist die Beobachtung der Tiere zu ihren festen Fütterungszeiten. Dabei erzählen die Tierpfleger allerlei über ihre Tiere und ihre Lebensweisen und beantworten Fragen der Besucher.

Auf der Webseite des Zoos werden auch die Termine der sommerlichen Dschungel- und Romantiknächte veröffentlicht, die ein buntes Programm mit Musik, Farben und Show vor der abendlichen Zookulisse bieten. Das *Lindner Park-Hotel Hagenbeck* ist das erste Tierpark-Themenhotel weltweit. Es bietet komfortable Zimmer gleich am Zoo.

Gleich neben dem Tierpark liegt das Gelände des NDR Fernsehen. Zuschauergruppen zwischen 20 und 30 Personen oder Schulklassen können einen Blick hinter die Kulissen von *NDR-Talk Show*, *Sportclub live* oder *Das!* werfen.

WEITERE INFORMATIONEN

Lindner Park-Hotel Hagenbeck: Hagenbeckstraße 150, www.lindner.de, **Tierpark Hagenbeck:** Lokstedter Grenzstr. 2, www.hagenbeck.de, www.hagenbeck-eismeer.de, Täglich geöffnet, kostenloser Verleih von Rollstühlen, Gruppenbuchungen mit Zoo-Führungen. **NDR Fernsehen:** Hugh-Greene-Weg 1, www.ndr.de

Der Stadtpark östlich der Alster ist Hamburgs Volkspark, mit riesiger Liegewiese (oben), diversen Kunstobjekten (unten), Biergärten und Musikclubs, Sportanlagen (rechts unten) und Planetarium (rechts oben).

35 Stadtpark

Der große Freizeitpark der Stadt

Nimmt man die Besucherzahlen, ist dies der mit Abstand nicht nur größte, sondern auch der beliebteste Freizeitpark der Hamburger. An guten Wochenenden bietet er mehr als 200 000 Besuchern Platz. Es wird gebadet, gegrillt oder Fußball gespielt. Andere gehen spazieren, joggen die Wege zwischen den Bäumen entlang oder entspannen sich einfach auf einer der vielen Bänke oder auf der großen Liegewiese.

Einst war der beliebte öffentliche Park ein Privatgehölz, das der Großgrundbesitzer Sierich, der die Straßen von halb Winterhude nach den Vornamen seiner Familienangehörigen benannt hat, aufforsten ließ und zu seiner privaten Jagd ausbauen lassen wollte. Um die Jahrhundertwende kaufte die Stadt das Sierichsche Gehölz, und wenige Jahre später ließ der energische Stadtarchitekt Fritz Schumacher das Gelände zu einem Naherholungspark umgestalten, der für alle Bevölkerungsschichten Erholung, Sport und Kunst bieten sollte. Im Juli 1914, unmittelbar vor Beginn des Ersten Weltkriegs, konnte der Park nach vierjährigen Rodungs-, Pflanz- und Bauarbeiten eröffnet werden. Bei der Umgestaltung des Geländes gefundene Messer aus Feuerstein, eine Keule sowie verschiedene Flintstücke dokumentieren, dass das Stadtparkgelände schon bei den steinzeitlichen Vorfahren der Hamburger beliebt gewesen sein muss.
In der 150 Hektar großen Grünanlage zwischen der Saarlandstraße im Osten und dem Grasweg im Westen des Stadtteils Winterhude ist für jeden etwas dabei. Allein die Festwiese zwischen Planetarium und Stadtparksee misst 12 Hektar.

Paradies für Freizeitsportler

Ein riesiges Areal für Freizeitsportler und Erholungssuchende gleichermaßen. Fußballer toben über die Rasenfläche, es wird Crocket gespielt und Badminton, im Herbst lassen viele ihre Drachen steigen, in einer Ecke bei einer Eisbärenplastik treffen sich traditionell die Boulespieler. Der *Eisbär* aus Granit ist nicht das einzige Kunstobjekt im Park. Attraktive Figuren von *Badende(n) Frauen* laden ein zum Betreten der Festwiese, *Diana mit Hunden* führt diese nicht weit vom alten Brunnenhäuschen aus, ein *Seelöwe* reckt passenderweise seine Nase beim großen Planschbecken mit dem breiten Sandstrand zum Buddeln in die Luft. Insgesamt 25 Kunstobjekte verteilen sich im Gelände, viele durch private Initiativen wie dem 1912 gegründeten Stadtparkverein ermöglicht.

Der Stadtpark gehört, nicht so offensichtlich, auch zu den Arealen für Wettkampfsportler. Beach-Volleyball- und Hockeyplätze, diverse Fußballfelder und die große, in den 1920er-Jahren erbaute Jahn-Kampfbahn für Leichtathleten und Fußballer verstecken sich hinter Büschen und Bäumen.

Musik liegt in der Luft

In der 1924 eingerichteten Freiluftbühne treten Musikgrößen wie Bob Dylan, Limp Bizkit oder Tocotronic auf. Traditionell eröffnen *Lotto King Karl* und seine *Barmbek Dream Boys* Mitte Mai die Freiluftsaison auf der Stadtparkbühne. Und wer nicht genügend Geld für eine Karte hat, setzt sich mit vielen anderen einfach auf den Rasen jenseits der dichten umgrenzenden Hecke und hört (kostenfrei) mit. Auf dem Stadtparksee kurven Kanuten, ein abgeteiltes Areal dient als Naturfreibad.

Wer das als zu anstrengend empfindet, lässt sich gleich in *Schumachers* Biergarten und Beachclub nieder und wartet in einem von Hamburgs größten Biergärten und Beach Clubs mit 1200 Sitzplätzen mit einem Kaltgetränk auf den Sonnenuntergang. Sonntags startet hier der Tag mit einem Livemusik-Frühschoppen, am Donnerstag steht »After Work Chill Out« auf dem Programm.
Musik gibt es auch im östlichen Teil des Stadtparks. Im *Landhaus Walter* treten regelmäßig nationale und internationale Bluesgrößen aller Stilrichtungen auf. Ansonsten wird eine moderne gutbürgerliche Küche serviert, in einer Vitrine verlockt meist eine Parade verführerischer Torten, die auch im (für Hamburger Verhältnisse) großen Biergarten mit 1200 Plätzen serviert werden dazu die karibische Open-Air-Loungebar *El Ray*.

FENSTER ZUM ALL

Im nicht weit entfernten Planetarium, einem monumentalen, 1915 aus rotem Klinker erbauten 65 Meter hohen ehemaligen Wasserturm, können Besucher Exkursionen ins Universum unternehmen, in einem Sternensaal von gut 21 Metern Durchmesser. Doch hier rezitieren auch Poeten aus ihren Werken, erklingen Pop und Klassik, aber auch psychedelische Klänge, die mit aufwendigen Licht- und Lasershows kombiniert werden. Höhepunkt sind aufwendige Produktionen im 360-Grad-Rundum-3D-Format mit Surround Sound, die perfekte kosmische Illusionen erzeugen. Mehr als 300 000 Besucher im Jahr lassen sich die ungewöhnlichen Vorführungen nicht entgehen.

WEITERE INFORMATIONEN

Landhaus Walter: Hindenburgstr. 2, www.landhauswalter.de, www.downtown-bluesclub.de, **Planetarium:** Hindenburgstr. 1b, www.planetarium-hamburg.de, **Schumachers:** Südring 5b, www.schumachers-biergarten.de, **Stadtpark:** Hindenburgstr., www.hamburg-stadtpark.de, **Städtisches Freibad Naturpark Stadtparksee:** Südring 5b, www.baederland.de

Seit fast 150 Jahren bestatten die Hamburger ihre Toten unterschiedlicher Konfessionen und Glaubensrichtungen auf dem Parkfriedhof Ohlsdorf (unten und rechts). Im Hauptgebäude (oben) informiert ein kleines Museum über Bestattungskultur.

36 Friedhof Ohlsdorf

Ein Volkspark für die Toten

Hamburgs größte Grünanlage ist mit einer Fläche von 400 Hektar gleichzeitig der größte Parkfriedhof der Welt. Seit 1877 werden hier Verstorbene aller Religionen und Bekenntnisse bestattet. Auf den Straßen und Wegen von insgesamt 17 Kilometern Länge verkehren mehrere Buslinien. Der Friedhof nimmt mehr als die Hälfte des Stadtteils Ohlsdorf ein.

Freundlich und friedlich »soll Alles dem Besucher entgegentreten«, hatte sich William Cordes, der Architekt des Ohlsdorfer Friedhofes, den Charakter seines Totenparks gewünscht, an dem er auf Wunsch von Senat und Bürgerschaft ab 1874 baute. Dieser sollte die über die innere Stadt verteilten kirchlichen Friedhöfe ablösen, die fast alle vollständig belegt waren. Glaubensrichtungen spielten in Ohlsdorf keine Rolle, auch alle sozialen Schichten, vom reichen Reeder bis zur Wäscherin, sollten auf der neuen Anlage bestattet werden. In der liberalen Hamburger Tradition kennt der Friedhof keine Konfessionen oder Ländergrenzen. So werden hier Tote nach islamischem Ritus, ohne Sarg und im Leichentuch nach Mekka ausgerichtet bestattet. Es gibt Grabstätten des Chinesischen Vereins, der Japanischen Kolonie und Deutsch-Baltischer Vereinigungen. Im Jahr 1877 wurden die ersten drei Toten, zwei Arbeiter und eine Tischlerwitwe, zu Grabe getragen. Der gesamte Senat war zum Orgelpräludium angetreten, schließlich galt es den neuen Friedhof einzuweihen, bekannt und populär zu machen. Nach einigen Jahren hatten sich die Hamburger an die neue Begräbnisstätte gewöhnt. Bis heute wurden hier nahezu 1,5 Millionen Verstorbene in rund 400 000 Grabstellen bestattet. Auch vermögende Hamburger Familien konnten sich mit dem neuen Friedhof anfreunden, nachdem ihnen ohne einengende Regelungen gestattet wurde, repräsentative Grabanlagen, Mausoleen und Gruften gestalten zu lassen. So sind auch die Gräber bekannter Reeder wie Albert Ballin, Edmund Siemers oder Carl Heinrich Laeisz mit teils aufwendigem Figurenschmuck zu finden. Oder Mausoleen, wie das achteckige, 1906 in neoromanischem Stil erbaute Kretschmer-Mausoleum aus rotem Sandstein mit bunten Glasfenstern, das beachtliche 250 Quadratmeter misst. Kunstwerke, vor allem Plastiken zeitgenössischer Künstler schmücken auch weniger opulent ausgestattete Grabmale. Die kreisrunde Anlage der Feuerwehrgräber dekoriert eine Stele mit stilisierten

Zahlreiche Künstler haben dekorative Grabmäler und Statuen zu Ehren der Verstorbenen geschaffen (Mitte und unten). Viele besuchen den Friedhof aber auch nur, um einen Spaziergang in der Natur zu unternehmen oder sich am Vogelreichtum zu erfreuen (oben).

Flammen, Todesengel, Christusdarstellungen, Trauernde, Allegorien auf den Abschied und die letzte Reise, aber auch abstrakte Werke zeugen vom jeweiligen Zeitgeist und dem Kunstgeschmack der Hinterbliebenen.

Landschaftspark für die Toten

Geschwungene Wege durch eine Waldlandschaft waren das Idealbild von William Cordes, der auch lange als erster Friedhofsdirektor agierte. Ihm folgte Otto Linné als Garten- und Friedhofsdirektor Hamburgs, der für die Erweiterung der Anlage eine geometrische Struktur der Grabfelder bevorzugte, da diese mehr Bestattungen auf gleicher Fläche zuließ. In dem als barocke Gartenanlage gestalteten Althamburger Gedächtnisfriedhof sind Menschen mit besonderer Bedeutung für die Hansestadt beerdigt: Bürgermeister, Pastoren der Hauptkirchen, Dichter, Musiker oder Architekten. Hier findet man die Gräber des Malers Philipp Otto Runge, des Stadtbaumeisters Fritz Schumacher, des Mediziners Bernhard Nocht, Gründer des Tropeninstituts – oder des Schöpfers der Kunsthalle Alfred Lichtwark.
Mehrere Ehrengräber und Mahnmale sind den Opfern von Krieg und Gewaltherrschaft gewidmet, besonders eindrucksvoll die Stele für die Opfer nationalsozialistischer Verfolgung mit Urnengefäßen voll Asche und Erde aus deutschen Konzentrationslagern vis-à-vis des großen Backsteinkrematoriums und das wie ein liegendes Kreuz gestaltete Massengrab der Opfer des Feuersturms, in dem Überreste von rund 38000 Opfern der Bombennächte des Sommers 1943 ihre Ruhe gefunden haben.

Im Garten der Frauen beim historischen neogotischen Wasserturm haben Grabmale bedeutender Frauen in der Hamburger Geschichte einen Platz gefunden. Hier sind auch freie Grabplätze nur für Frauen reserviert. Ein Verein erarbeitet jedes Jahr eine neue Ausstellung über eine Frau, deren Grab- oder Erinnerungsstein im Garten der Frauen steht. So sind die bislang gut 70 Biografien bedeutender Frauen gleichzeitig wie ein begehbares Geschichtsbuch von Hamburgs Frauengeschichte. Auch Deutschlands berühmteste Dirne, die 2009 verstorbene Domenica, wurde im Garten der Frauen zur ewigen Ruhe gebettet.

Ehrenhaine und Pflanzenvielfalt

Besonders zur Rhododendronblüte im Mai strömen viele der mehr als eine Million Besucher jährlich allein wegen der verschwenderischen weißen, roten, violetten und rosa Blütenpracht auf den Friedhof. 36000 Rhododendronbüsche von 200 verschiedenen Arten säumen Wege und Straßen der Anlage. Im Rosengarten blühen im Sommer 2700 Rosen vor dem Hintergrund des Cordes-Denkmals zu Ehren des ersten Ohlsdorfer Friedhofsdirektors. Ohnehin sind Flora und Fauna der Anlage bemerkenswert. Rund 450 Gehölzarten mit mehreren Zehntausend Bäumen bilden ein in Hamburg sonst kaum zu findendes Biotop mit so vielen unterschiedlichen Vögeln, dass der Naturschutzbund Deutschland hier vogelkundliche Führungen veranstaltet. Selbst Uhus können auf dem Ohlsdorfer Friedhof ihre Jungen großziehen. Sie finden in der von Bäumen und Büschen dicht bewachsenen Parkanlage Kaninchen, Gänseküken oder auch Igel als

Jagdbeute. Auch seltene Eisvögel wurden in Ohlsdorf mit seinen 15 Teichen und kleinen Seen und Wasserläufen bereits gesichtet.
Eichenbestände, rund 160 Jahre alt, teils mehrstämmige Rotbuchen, abgelöst von einem Mischwäldchen von Kiefern, Buchen und Eichen, aufgereihte Österreichische Schwarzkiefern, die z. B. das Massengrab der Bombenopfer begrenzen, dekorative Hängebuchen, die mit ihren schleppenden Ästen fast bis auf die Böschungsoberkanten eines Teiches reichen, Japanische Lärchen, gelb blühende Magnolien oder Hemlocktannen, Rosskastanien und Ginkgobäume geben einen Eindruck von der Vielfalt der Holzgewächse.

Prominentengräber

Der traditionsreiche Ohlsdorfer Friedhof hat sich auch zeitgemäßen und alternativen Bestattungsformen geöffnet. In zwei Kolumbarien sind oberirdische Urnenbestattungen möglich. Im Ruhewald im Osten des Friedhofs werden die Urnen Verstorbener um die Stämme mächtiger Bäume gruppiert. Baumgräber für Urnen liegen unter einer Wildwiese zwischen Eichen und Birken; auch anonyme Beisetzungen auf einem Rasenfeld oder einem Pflanzbeet sind möglich.
Viele Besucher streben mit einer Karte in der Hand zu Gräbern Prominenter, die in Ohlsdorf in großer Zahl beerdigt sind. Das Grabmal der Zoofamilie Hagenbeck wird von einem liegenden steinernen Löwen bewacht. Schauspieler wie Hans Albers, Heinz Ehrhardt, Helmut Griem und Monika Bleibtreu sind hier bestattet, auch Inge Meysel, Ida Ehre und Witta Pohl, der als C.W. Ceram bekannte Schriftsteller Kurt Marek, die Verlegerfamilie Jahr oder die 2010 verstorbene Loki Schmidt.

SPAZIERGÄNGE IN OHLSDORF

Der gemeinnützige Verein Förderkreis Ohlsdorfer Friedhof sieht seine Aufgabe im Erhalt des »Gesamtkunstwerks Friedhof« und der Pflege historischer Grabdenkmale. Bislang konnte er 300 Patenschaften für einzelne Grabmäler vergeben. Der Verein veranstaltet Führungen, unterhält ein kleines Museum auf dem Friedhofsgelände und gibt eine Zeitschrift und Broschüren heraus.
Wer Gräber prominenter Zeitgenossen auf dem Friedhof besuchen will, kann mit einer kostenlosen Karte aus dem Informationshaus am Eingang deren genaue Lage finden. Auf der Webseite der Friedhofsverwaltung sind viele prominente Namen mit Koordinaten angegeben, die auf der Karte wiederzufinden sind.
Drei markierte Spazierwege, »Prominente, Plastiken und Parklandschaft«, »Vom Krematorium zur Dichterecke« und »Nordteich und Stiller Weg«, führen zwischen einem und zwei Kilometern durch die Naturlandschaft.

WEITERE INFORMATIONEN

Förderkreis Ohlsdorfer Friedhof: Fuhlsbüttler Str. 756, www.fof-ohlsdorf.de,
Friedhof Ohlsdorf: Fuhlsbüttler Str. 756, www.friedhof-hamburg.de

37 Winterhude und Barmbek

Urbanes Leben im Wandel

Das Viertel rund um den Mühlenkamp mit seinen vielen Geschäften und Cafés erinnert an munteres Straßenleben in Paris, die Villen im Nordosten der Außenalster gehören zum Teuersten, was Hamburg zu bieten hat. Und die Wohnblöcke aus dunklem Klinker in der Jarrestadt und nördlich des Winterhuder Marktplatzes waren einst traditionelle Hamburger Arbeiterquartiere und sind zu trendigen Wohnvierteln mutiert.

Die kubischen Backsteinbauten der Jarrestadt wurden 1928–30 unter der Regie des Hamburger Oberbaudirektors Schumacher erbaut. Von außen unnahbar, zeigen die Innenhöfe der drei- bis viergeschossigen im Stil der Neuen Sachlichkeit errichteten Gebäude viel Licht und Grün. Heute leben in dem einstigen Arbeiterviertel, dessen Wohnungen vorbildlich mit Zentralheizung und Vollbad ausgestattet waren, knapp 10000 Menschen. Gleich nebenan liegt eine der spannendsten Kulturstandorte der Stadt, die Kampnagel-Kulturfabrik. Wo früher Maschinen und Kräne produziert wurden, zeigt ein Programmkino Filmklassiker und selten gezeigte Streifen, treten heute avantgardistische Musikgruppen auf, werden Tanzereignisse gefeiert und Lesungen abgehalten, provozieren eigenwillige Theatervorführungen, streitet man sich um die richtige Interpretation von Kunstwerken. Das Programm in den sechs restaurierten Fabrikhallen zieht rund 120000 Zuschauer im Jahr an.

Arbeitsalltag im Industriezeitalter

Die gesamte Ausstellung des Museums der Arbeit, wenige Schritte vom Barmbeker Bahnhof entfernt, beschäftigt sich mit der Frage: »Was ist Arbeit? Mühsal, Kampf ums Überleben oder Lebensinhalt?« Eine Fülle von Exponaten aus der Arbeitswelt – von der Krankenschwesteruniform bis zum Schutzhelm eines Nieters auf der HDW-Werft, von monströsen Computern der ersten Stunde bis zu Streiktransparenten zeigen, wie sich die Arbeitsbedingungen im Laufe der Jahre verändert haben. Das Museum in der Nähe des Barmbeker Bahnhofs ist in einem ausgedienten Fabrikgebäude der New York Hamburger Gummi-Waren Compagnie AG untergebracht, wo früher u.a. Kämme aus Hartgummi gefertigt wurden. In einer Druckerei, einem Handelskontor oder in einer Metallwerkstatt können Besucher Hand anlegen und direkt die vergangene Arbeitswelt erfahren. Und auf dem Platz vor dem Museum steht unübersehbar T.R.U.D.E.,

Die Klinkerbauten der Jarrestadt sind heute gefragte Wohnquartiere (oben), sicher auch wegen der Nähe zu den idyllischen Goldbek- und Osterbekkanälen (unten). Das Schneidrad vom Elbtunnelbohrer T.R.U.D.E steht dekorativ vor dem Museum der Arbeit in Barmbek (rechts unten).

Kurzform für »Tief Runter Unter Die Erde«, das kreisförmige 14,2 Meter hohe und 380 Tonnen schwere Schneidrad des Elbtunnelbohrers, der einem Maulwurf gleich in zweieinhalb Jahren die vierte Elbtunnelröhre der Autobahn A7 unter der Elbe gefräst hat. Doch es geht hier nicht nur um Technik, sondern auch um die Menschen, die diese Bedingungen auch gestaltet haben. Besucher werden »am Telefon« Zeuge von Interviews und anderen Tondokumenten, in denen Konditoren von ihrer Arbeit erzählen oder Politikerinnen von Konflikten berichten.

Moschee mit Alsterblick

An der Außenalster im Stadtteil Winterhude, gegenüber von zwei Ruderclubs, ragen die Minarette einer Moschee in den Himmel. Sie gehören zur Imam-Ali Moschee, einem schiitischen Gotteshaus, das mit seinem angeschlossenen Islamischen Zentrum Hamburg schon mehr als 40 Jahre an dieser Stelle wirkt. Es ist kein Problem, die Moschee und ihren prächtigen, mit einem riesigen Teppich geschmückten Gebetsraum zu besuchen. Im Gegenteil, schon traditionell sorgt ein Veranstaltungsprogramm auch zu kontroversen Fragen für einen lebendigen Gedankenaustausch. Das islamische Zentrum ist europaweit bekannt. Der bislang prominenteste Imam der Moschee war sicherlich Seyed Mohammed Khatami, später mehrere Jahre Präsident der Islamischen Republik Iran. Insgesamt gibt es rund 20 Moscheen in der Hansestadt, deren meist türkischstämmige Muslime überwiegend der sunnitischen Glaubensrichtung angehören.
Wie in Winterhude ist die 164 Hektar große Außenalster fast überall direkt zugänglich. Kein Wunder, dass der 7,4 Kilometer lange Weg um das Ufer herum bei Joggern zu den beliebtesten Strecken in der Stadt zählt. Hinzu kommen Spaziergänger und Fahrradfahrer, die ebenfalls die Wassernähe und das Stadtpanorama genießen wollen.

STADTQUARTIERE MIT WASSERANSCHLUSS

Die nahe Alster und mehrere Kanäle durch Barmbek und Winterhude ermöglichen die Erkundung der Stadtteile auch vom Wasser aus. Die Alster-Museums-Linie, eine historische Motorbarkasse von 1926, bringt Besucher an Wochenenden zwischen April bis Oktober vom Jungfernstieg bis zum Anleger in Barmbek. Die *Bootsvermietung Dornheim* am Kaemmererufer des Osterbekkanals vermittelt Freizeitboote für die Fahrt auf der Alster und den Kanälen. Das *Café Canale* am Poelchaukamp in Winterhude überzeugt nicht nur mit duftendem Blechkuchen frisch aus dem Backofen. Wer mit Kanu oder Ruderboot auf dem Mühlenkampkanal unterwegs ist, erhält seinen Proviant durch ein Fenster zur Wasserseite.

WEITERE INFORMATIONEN

Alster-Museums-Linie: www.alster-touristik.de, **Bootsvermietung Dornheim:** www.bootsvermietung-dornheim.de,
Café Canale: www.cafecanale.de,
Imam-Ali Moschee: Islamisches Zentrum Hamburg, Schöne Aussicht 36, www.izhamburg.com,
Kampnagel: Jarrestraße 20, www.kampnagel.de,
Museum der Arbeit: Wiesendamm 3, www.museum-der-arbeit.de

Mit der Hochschule für angewandte Wissenschaft beherbergt St. Georg Hamburgs zweitgrößte wissenschaftliche Bildungsanstalt (oben). Ansonsten bietet das Quartier viel Stadtteilkultur mit munterer Bistrogastronomie, etwa in der *Turnhalle* (rechts unten) oder im *Café Gnosa*, dem Zentrum der schwulen Gemeinde (rechts oben).

38 St. Georg

Multi-Kulti und Religionsvielfalt

Ein bunt gemischter aufregender Stadtteil. An der Alster mondäne Hotels und repräsentative Bürogebäude. Entlang der Langen Reihe, schmale Hauptachse des Quartiers, Gemüse- und Gewürzhandler, Boutiquen und Sterneköche, flanierende Stadtbesucher, ethnische Vielfalt und die schwule Szene der Stadt – dazwischen die Überreste eines Rotlichtviertels.

Aus dem Vorort Hamburgs im Mittelalter mit Gärten und Weiden, mit dem Leprahospital zum Heiligen Georg, mit Stadtgalgen und Pestfriedhof ist eines der lebhaftesten Quartiere der Stadt geworden. Viele Hotels, von billigen Absteigen bis zu Nobelherbergen nehmen viele der Reisenden auf, die am nahen Hauptbahnhof ankommen. Früher war in Bahnhofsnähe neben der Reeperbahn ein weiteres Rotlichtviertel entstanden. Zwar gibt es immer noch Bars, Pornoläden und »Bordsteinschwalben«, jedoch mit rückläufiger Tendenz. Auch die lange präsente Drogenszene am zentralen Hansaplatz ist überwiegend in andere Bezirke verdrängt worden.

Szenequartier Lange Reihe

In der eigentlich nicht sehr langen Langen Reihe, der schmalen Hauptachse des Viertels, stehen einige Fachwerkhäuser unter Denkmalschutz. Eine bunte Reihe von Geschäften, Restaurants und Bars, von Buchläden und einer Käsetheke, von fernöstlichen Möbeln und Stoffen bis zum Fachgeschäft für Modelleisenbahnen zieht sich vom Hauptbahnhof bis zur Klinik St. Georg. In der Langen Reihe 71, einem Haus mit schmuckvoller Gründerzeitfassade, kam am 22. September 1891 Hans Albers zur Welt, der später als Schauspieler mit dem Motto »Hoppla, jetzt komm' ich« den zuweilen nachdenklichen Draufgänger verkörpern sollte. Wie in anderen alternativen Vierteln, die »in Mode« kommen, beklagen sich Anwohner von St. Georg über steigende Mieten und das Verschwinden alteingesessener Geschäfte. Varietés sind im Zeitalter von TV, Internet und Stand-up-Comedians sicherlich außer Mode gekommen. Und ganz gegen den Trend haben einige Enthusiasten mit Unterstützung der Hamburger Kulturszene das ehrwürdig zugrunde gegangene, hundert Jahre alte Hansa Varieté Theater am Steindamm wieder belebt, in dem einst Hans Albers, Josephine Baker, die Comedian Harmonists, Wolfgang Neuss oder Siegried und Roy aufgetreten waren. Nicht weit entfernt, ebenfalls am Stein-

damm, sind das kommunale Kino Metropolis und die Kabarett- und Kleinkunstbühne Politbüro zu Hause.

Gemeinden aller Art

In St. Georg hat auch die schwule und lesbische Gemeinde Hamburgs einen Treffpunkt. Regenbogensymbole kleben an Wohnungs- und Schaufenstern diverser Geschäfte und Bars. Klar, dass hier auch der Christopher Street Day groß gefeiert wird. Nach dem Umzug geht es bei Straßenfesten und privaten Partys turbulent weiter.

Im Stadtteil St. Georg schlägt das Herz der katholischen Gemeinde in der norddeutschen Diaspora. Der Mariendom, seit 1995 Sitz eines Erzbischofs, blickt als Kathedralkirche auf eine mehr als 1000-jährige christliche Geschichte der Stadt zurück. Den alten Mariendom hatte man Anfang des 19. Jahrhunderts abgerissen. Das heutige, 1889 im neoromanischen Stil errichtete Gotteshaus ist die einzige Kirche im Stadtgebiet mit zwei Türmen und Sitz eines Erzbischofs und in Hamburg gleichzeitig der erste Neubau einer katholischen Kirche seit der Reformation. Gar nicht weit entfernt ragen zwei schlanke Minarette in den Himmel. In dem angeschlossenen Gebäude des einstigen Hammonia-Schwimmbades, das heute eine Kuppel krönt, treffen sich die muslimischen Bürger des Viertels. Das in den 1970er-Jahren von der *Gesellschaft der türkischen Arbeiter in Hamburg und Umgebung* begründete sunnitische Gotteshaus ist die größte der 42 eingetragenen Moscheen in Hamburg. Ein großer türkischer Supermarkt *Lindenbazar* mit Reisebüro und Buchhandlung bildet das ökonomische Rückgrat der weltanschaulichen Aktivitäten. Der Anteil von Bürgern mit Migrationshintergrund beträgt in St. Georg rekordverdächtige 40 Prozent.

SCHWUL-LESBISCHE SZENE IN ST. GEORG

Am ersten Samstag im August gehen Lesben, Schwule, Bisexuelle und Transgender zum Christopher Street Day traditionell für ihre Rechte auf die Straße. Das *Café Gnosa* in der Langen Reihe ist ganzjähriger Szenetreffpunkt der schwul-lesbischen Gemeinde. Die wunderbaren Torten aus eigener Konditorei schmecken auch Heteros. Das *Kyti Voo*, kultige Coffee-Bar mit Nachtbetrieb, auch in der Langen Reihe, gilt als bester Tresen einer Schwulenbar in der Stadt. Die Buchhandlung *Männerschwarm* erfüllt schon seit mehr als 30 Jahren die Literaturwünsche der Gay Community. Mit dem *Winter-Pride* öffnet in der Vorweihnachtszeit auch der schwul-lesbische Weihnachtsmarkt seine rosa Pforten.

WEITERE INFORMATIONEN

Café Gnosa: www.gnosa.de, **Christopher Street Day:** www.csd-hamburg.com, **Hamburg Merkez Camii:** Böckmannstr. 40, www.centrummoschee.de, **Hansa Variete Theater:** Steindamm 17, www.hansa-theater.de, **Kyti Voo:** www.kytivoo.de, **Männerschwarm:** www.maennerschwarm.de, **Mariendom:** Danziger Str. 60, www.mariendomhamburg.de, **Winter-Pride:** www.winter-pride.org

Hamburgs Westen hat viel zu bieten: Elbpanoramen mit dem Treppenviertel in Blankenese (oben und rechts), prächtige Villen an der Elbchaussee (Mitte) oder Straßenleben in Ottensen (unten).

Altona und Westen

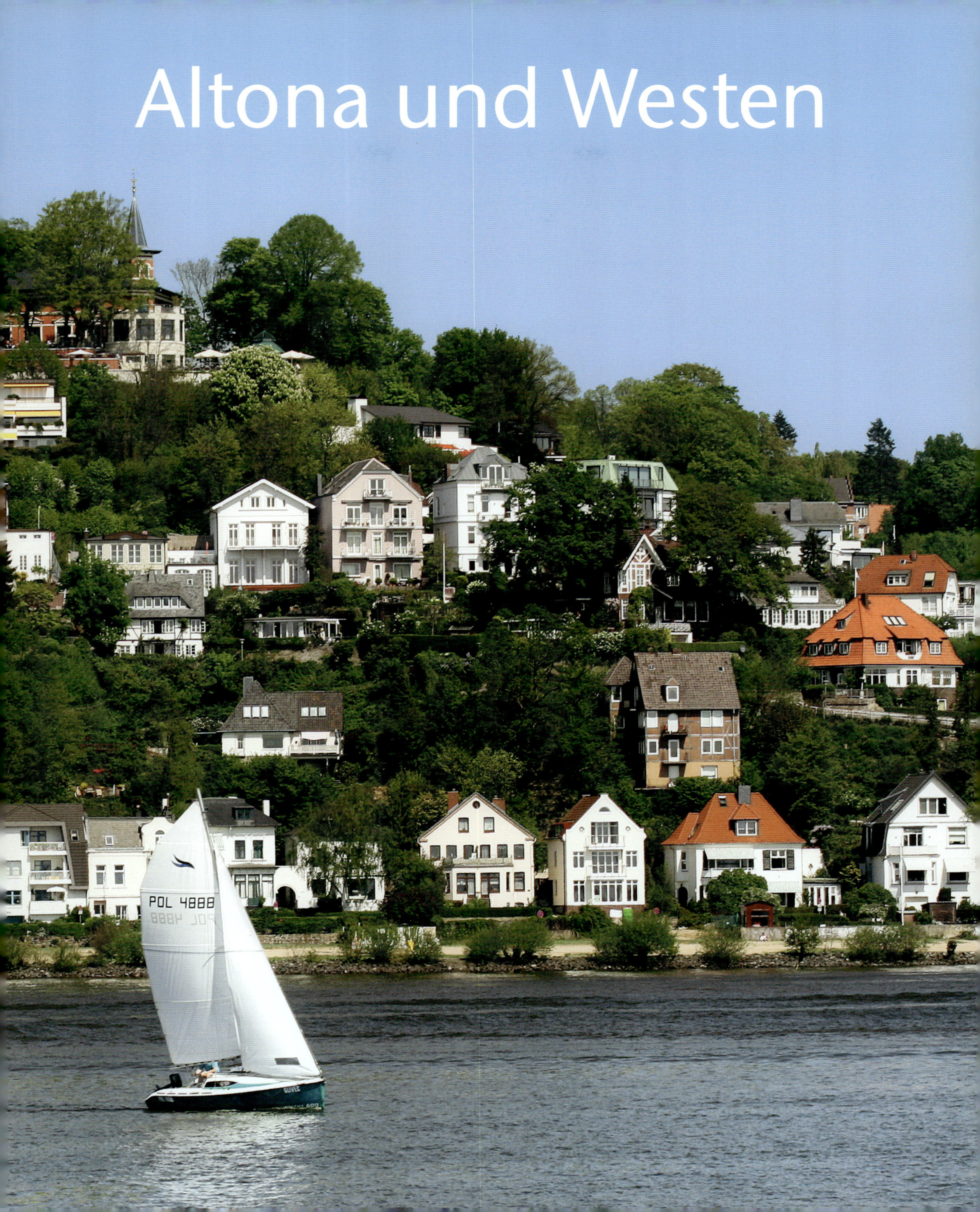

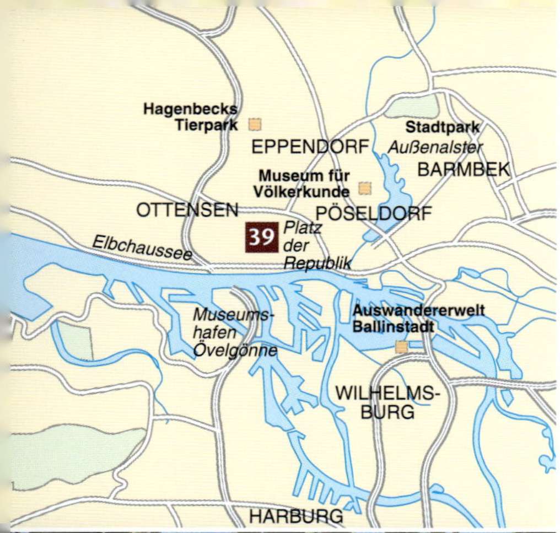

Der Stuhlmannbrunnen zwischen Altonaer Rathaus und Bahnhof gehört zu den schönsten Wasserspielen der Stadt (oben). Das weiße Rathaus von Altona (rechts unten) war im vorigen Leben Endbahnhof der dänischen Ostseebahn.

39 Platz der Republik

Einst Rathaus einer dänischen Stadt

»All to nah« – will heißen »all zu nah« – war nach Ansicht des Hamburger Rates die Stadtgrenze der 1535 unter dänischer Hoheit gegründeten Siedlung am Elbufer. Bis zum Deutsch-Dänischen Krieg 1864 gehörte Schleswig-Holstein zum Einflussbereich des Dänischen Königreiches, und dank Gewerbefreiheit und religiöser Toleranz entwickelte sich das einstige Fischerdorf Altona nach Kopenhagen zu dessen zweitgrößter Stadt.

Das prächtige spätklassizistische Altonaer Rathaus war von 1844 an Endbahnhof der Christian VIII. Ostseebahn der Altona-Kieler Eisenbahn-Gesellschaft. Sein heutiges Erscheinungsbild erhielt der Bau später. Im Jahr 1898 weihte Kaiser Wilhelm II. den umgestalteten Bau als Rathaus ein, gleich zusammen mit einem Reiterstandbild seines Großvaters Wilhelm I., der seitdem von hier kühn in die Ferne blickt. Erst 1938, mit dem Groß-Hamburg-Gesetz verlor Altona seine Unabhängigkeit und wurde in die Hansestadt eingemeindet.
Eine Skulptur von Sol LeWitt in Form eines schwarzen Quaders »Dedicated to the Missing Jews« am Südende des Platzes der Republik erinnert an mehrere Tausend vertriebene und getötete jüdische Bürger während der Nazi-Herrschaft. Heute ist das Altonaer Rathaus Sitz der Bezirksverwaltung und vor allem des Standesamtes. Mit der repräsentativen Gebäudekulisse und dem nahen Altonaer Balkon, einer Panoramaaussicht vom 27 Meter hohen Geesthang über Elbe und Hafen, ist das Heiraten hier sehr beliebt.

Museum des Nordens

Das Altonaer Museum schlägt als Regional- und Schifffahrtsmuseum Brücken in den Norden, nach Schleswig-Holstein und Dänemark. Schließlich waren große Teile Norddeutschlands einige Hundert Jahre unter dänischem Einfluss. Erst nach den Deutsch-Dänischen Kriegen fielen Schleswig, Holstein und Lauenburg 1866 an Preußen. Mit dem Groß-Hamburg-Gesetz erhielt Hamburg neben Altona weitere Gebiete aus den benachbarten preußischen Landkreisen zugesprochen.
Das Stadtwappen von Altona zeigt, anders als Hamburg, geöffnete Stadttore. Das konnte durchaus als Programm gelten, zeigte sich doch die Obrigkeit weit liberaler als in der benachbarten Hansestadt. Juden konnten hier leben und ihre Religion ausüben, ebenso wie calvinisti-

sche Christen aus den Niederlanden. Auch Katholiken, die im streng lutherischen Hamburg keine Kirche bauen durften, erhielten hier vom dänischen König die Genehmigung dazu. Auch dank der nicht selten wohlhabenden Zuwanderer entwickelte sich Altona zur prosperierenden Handelsstadt. Das Museum zeigt die Kunst- und Kulturgeschichte Norddeutschlands und ist für seine Sammlungen zu Schifffahrt, Fischerei, Landschaftsmalerei, Spielzeug, Kunsthandwerk und ländlichem Wohnen mit originalen Bauernstuben bekannt. Der Kinderolymp im Altonaer Museum zeigt auf 400 Quadratmetern Ausstellungsfläche Sonderausstellungen speziell für Kinder zwischen vier und zehn Jahren.

Der Stuhlmannbrunnen am Platz der Republik gehört zu den wenigen dekorativen Wasserspielen im Hamburger Stadtbild. Lange stand die 1900 errichtete Figurengruppe am Platz vor dem Bahnhof. Als dieser abgerissen wurde und einem gesichtslosen Einkaufskomplex weichen musste, konnte der lange vernachlässigte Brunnen, bei dem zwei um einen Fisch kämpfende kupferne Zentauren die Konkurrenz zwischen Altonaern und Hamburger Fischern symbolisieren, dank privater Initiative versetzt und restauriert werden.

Früher Spielplatz, heute Straße

Die Palmaille zieht sich als Verlängerung der Elbchaussee vom Rathaus bis zum Fischmarkt. Der Name der Straße rührt vom italienischen »Palla al maglio« her, einem Spiel mit Holzkugeln, die es mit Schlägern möglichst weit zu treiben gilt. Für diesen Zeitvertreib ließ Graf Otto V. von Schauenburg 1638 einen von Bäumen begrenzten 650 Meter langen Weg anlegen. Später kaufte die Stadt das Gelände. An der von Bäumen gesäumten Straße ließen bald Reeder und andere wohlhabende Kaufleute Palais mit Elbblick anlegen. Die Fassaden mehrerer klassizistischer Bauten sind an der Allee noch heute zu bewundern.

ALTONAER THEATERSZENE

Das Altonaer Theater an der Museumsstraße, eines der beliebtesten privaten Stadtteiltheater Hamburgs, zeigt Klassik und Moderne, zeitkritische Stücke und Boulevard in zwei Aufführungssälen. Es ist Teil der lebendigen Kultur- und Theaterszene Altonas mit türkischem und jüdischem Theater, mit einem Theater für Kinder und einer Kammeroper in der Altonaer Allee. Auch im anschließenden Stadtteil Ottensen zeigt sich mit dem Monsun-Theater und anderen Bühnen, dass hier ein lebendiges kulturelles Klima herrscht. Eigentlich gehört auch das Altonaer Theater gleich neben dem Altonaer Museum schon zum Stadtteil Ottensen. Es ist in einem 1930 im Bauhausstil errichteten früheren Berufsschulgebäude zu Hause.

WEITERE INFORMATIONEN

Altonaer Museum: Museumsstr. 23, www.altonaermuseum.de, **Altonaer Theater:** www.altonaer-theater.de, **Monsun-Theater:** www.monsuntheater.de, **Rathaus Bezirksamt Altona:** Platz der Republik 1, Rathausbesichtigungen: www.altonaer-stadtarchiv.de

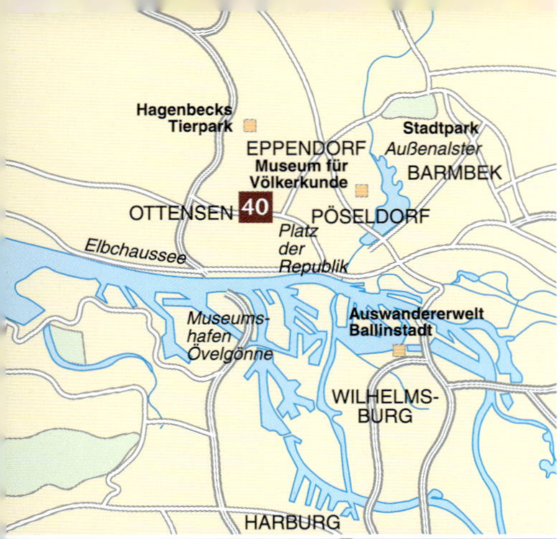

Lebendiges Ottensen: Im einstigen Fabrikgebäude Borselhof (oben) sind heute Büros und Ateliers zu Hause. Im Stadtteilzentrum Motte (unten) sind verschiedene Kunstwerkstätten eingerichtet. Bei gutem Wetter lässt es sich im Hof der *Zeise-Hallen* prima draußen sitzen (rechts unten).

40 Ottensen

Alternatives Leben in »Mottenburg«

Ein bisschen alternativ, verwinkelt, gemütlich, multikulturell: So präsentiert sich der Stadtteil gleich westlich des Bahnhofs. Tagsüber stellen Cafés Stühle und Tische auf die Gehwege, abends strömen Besucher auch aus anderen Stadtteilen in die *Zeise-Hallen, Fabrik, Werkstatt 3* oder *Motte* und andere Szenetreffpunkte.

Mottenburg heißt der Kern dieses Quartiers inoffiziell, wohl weil die Arbeiter in hier einst ansässigen Glasbläsereien nicht selten an Tuberkulose mit Löchern in der Lunge erkrankten, im Volksmund »die Motten kriegten«. Nicht nur Glasbläsereien waren einst in dem industriell geprägten Stadtteil zu Hause, auch Gewürzmühlen, Fischräuchereien und Metall verarbeitende Betriebe. Heute zeigen die hohe Kneipendichte und viele zu Büro- und Wohnlofts umgebaute Industriegebäude, dass Ottensen zwar zu einem Szeneviertel mutiert, sich aber noch viel von seinem Charme bewahren konnte.

Szenekultur im Industrielook

Die Kulturzentren *Zeise-Hallen* und *Die Fabrik* sind ebenso wie zahlreiche zu Büro- und Wohnlofts konvertierte Gewerbegebäude Ausdruck der industriellen Vergangenheit des Stadtbezirks und seiner Veränderung. Auch das Designhotel *Gastwerk* in dem zum Bezirk Altona gehörenden Stadtteil Bahrenfeld hat im früheren Kohlenlager eines Gaswerkes eine stimmungsvolle Kulisse gefunden. In den *Zeise-Hallen* wurden noch in den 1970er-Jahren Schiffsschrauben gefertigt. Heute sind hier Restaurants, Szenegaststätten, ein Kino, Ateliers und ein Filmarchiv zu finden. In den Böden liegen noch Schienen, auf denen sich einst die Werkskräne bewegten, die Wände dekorieren unverputzte Ziegelmauern. *Die Fabrik* hat sich schon lange als Veranstaltungszentrum für Musik etabliert. Dutzende internationaler Musikstars sind in den vergangenen 40 Jahren in dem industriellen Ambiente aufgetreten und haben mit den Zuschauern die gute Stimmung genossen. Ein Kran auf dem Dach erinnert an ihr früheres Leben als Maschinenbauhalle. Das Stadtteilkulturzentrum *Motte* fühlt sich mit seinen vielen Initiativen, wozu der auch ein Kindergarten gehört, in einer früheren Schokoladenfabrik gut aufgehoben.

Die Mischung aus Arbeiter- und Bürgerwohnungen, winklige Gassen, die Kneipen- und Restaurantkultur, viele kleine Geschäfte wie in der Ottensener Hauptstraße zwischen Bahnhof und Spritzen-

platz sind im multikulturellen Ottensen nicht ohne Konflikte bewahrt worden. Alte Fabrikgebäude wurden zu Zentren der Stadtteilkultur umgewandelt. Zu verlockend war die Aussicht für Unternehmen und einige Stadtplaner, alte Bausubstanz niederzureißen, um dann auf den freien Flächen große Bürogebäude oder Wohnsilos zu errichten. Dank einer sehr aktiven Bürgerszene mit der höchsten Initiativendichte von ganz Hamburg und der Einsicht politisch Verantwortlicher, hat sich Ottensen in weiten Teilen seinen Charakter bewahrt.

Jüdischer Friedhof und Klopstockkirche

Bei Umbauarbeiten des früheren Kaufhauses Hertie zum Mercado, einem Einkaufszentrum in der Ottensener Hauptstraße, wurden Reste des alten jüdischen Friedhofs von Altona gefunden. Die letzte Ruhestätte jüdischer Mitbürger vor dem Zweiten Weltkrieg konnte gerettet, eine Gedenkstätte eingerichtet werden. Sorgsam und unter Aufsicht eines Oberrabbiners wurde dann das Begräbnisfeld mit dem Mercado überdacht.
Der dänische König Christian VI. ist Namenspate der 1738 eingeweihten barocken Christianskirche gleich westlich des Altonaer Rathauses. Da auf dem kleinen Kirchhof der Dichter Friedrich Gottlieb Klopstock und seine beiden Frauen bestattet sind, wird sie meist »Klopstockkirche« genannt. Im Jahre 1897 erhielt das Gotteshaus einen dekorativen Aufsatz auf dem Kirchturm sowie ein neobarockes Portal. Das Carillon im Turm mit 42 Glocken stammt von 1938. Deren geplante Schmelze zu Kriegszwecken verhinderte das Ende des Weltkrieges.

STADTTEILLEBEN IN OTTENSEN

Das zweieinhalbwöchige Stadtteilfest *Altonale* mit insgesamt 600 000 Besuchern auf diversen Veranstaltungen, Konzerten, Balkontheatern, mit Flohmarkt, Gastro-Meile und Lesungen mündet in ein dreitägiges Straßenfest. Es ist der jährliche Höhepunkt der Stadtteilkultur Ottensens mit seinen vielen kleinen Läden, Cafés, Kneipen und Treffpunkten, die nicht selten bis tief in die Nacht geöffnet haben. Neben den *Zeise-Hallen*, der *Fabrik*, der *Werkstatt 3* und der *Motte* sind noch andere Initiativen in Ottensen zu Hause. In der früheren Drahtstiftefabrik Feldtmann in der Zeisestraße haben einige eine Bleibe gefunden, ebenso im Quartier Hohenesch, in dem früher Fischkonserven am Fließband hergestellt wurden.

WEITERE INFORMATIONEN

Altonale: www.altonale.de, **Christianskirche:** Klopstockplatz, www.kirche-ottensen.de, **Fabrik:** Barnerstr. 36, www.fabrik.de, **Motte:** Eulenstraße 43, www.diemotte.de, **Werkstatt 3:** Nernstweg 32, www.werkstatt3.de, **Zeise-Hallen:** Friedensallee 7-9

41 Museumshafen Övelgönne

Historische Kähne und wenige Autos

Im Museumshafen auf der Grenze der Stadtquartiere Neumühlen und Övelgönne dümpeln Oldtimer von Elbe und Nordseeküste – hergerichtet von einem privaten Verein maritimer Enthusiasten. Hier beginnt auch ein besonders schöner Abschnitt des Wanderwegs zwischen Elbstrand und Lotsenhäusern in Richtung des Anlegers Teufelsbrück.

Ein umgebauter Kühlspeicher an der Elbe beherbergt heute eine Seniorenwohnanlage mit Aussicht (oben). Direkt am Fluss führt ein Spazierweg an den Lotsen- und Kapitänshäusern von Övelgönne vorbei (unten). Abendstimmung im *Beach-Club* gleich beim Elbufer (rechts unten).

Beim Fähranleger Neumühlen, gleich neben dem Seniorenwohnsitz in einem luxussanierten Kühlhaus mit Elbblick, dümpeln am Liegeplatz des Museumshafens Övelgönne originalgetreu restaurierte Schiffe in einem Altersheim für maritime Oldtimer. Eine private »Vereinigung zur Erhaltung historischer Wasserfahrzeuge« hat 1976 mit viel ehrenamtlicher Arbeit den ältesten, von privatem Engagement getragenen Museumshafen Deutschlands gegründet. So liegen im geschützten Becken der im Jahr 1928 vom Stapel gelaufene Finkenwerder Hochseefischkutter *Präsident Freiherr von Maltzahn*, ein Segelschiff, der Dampfschlepper *Tiger* aus dem Jahr 1910, die *Boeierschuit Hoop op Welvaart*, ein holländischer Frachtsegler von 1883, die *Tjalk Helene*, ein Plattbodenschiff von 1906, dazu das 1888 erbaute Feuerschiff *Elbe 3* neben einem Dutzend weiterer Kähne. Fast alle sind dank der engagierten und kompetenten Vereinsmitglieder nach wie vor seetüchtig, daher auch zuweilen unterwegs, wie bei der Schiffsparade zum Hamburger Hafengeburtstag. Wer eine Fahrt bucht, unterstützt damit auch das erklärte Vereinsziel, die segelnden Fischerei- und Frachtschiffe von Nordsee und Niederelbe zu sammeln und wieder herzurichten.

Futuristisches Wohngebäude

Der »Luxusliner«, der einige Hundert Meter weiter flussaufwärts seinen scharf geschnittenen Bug der Elbmündung zuwendet, ist in Wahrheit das futuristische Bürogebäude Dockland. Das wie ein schiefes Prisma mit einer 40 Meter vorspringenden Spitze geformte Gebäude wurde 2006 auf dem extra aufgeschütteten Kopf des Edgar-Engelhard-Kais errichtet. Doch nicht nur Büroangestellte können den Blick über Stadt und Fluss aus 25 Metern Höhe genießen. Die breite Freitreppe am »Heck« des spektakulären Baus ist öffentlich. Die zu Asylantenheimen umgewidmeten Wohnschiffe zwischen Dockland und Seniorenwohnstift sind längst von einer »Perlenkette« von über das Wasser ragenden Glaspalästen ersetzt worden, in denen mehrere Luxusrestaurants um zahlungskräftige Gäste buhlen.

Elbwanderweg zwischen Geesthang und Strand

Flussabwärts braust der Nord-Süd-Autoverkehr tief unter dem Fluss und oben unhörbar Tag und Nacht durch den Elbtunnel der A7. Doch am Ufer der Elbe ist für Autofahrer in der Kehre beim Museumshafen Schluss. Hier geht es am Elbuferweg nur noch zu Fuß weiter, vorbei an herausgeputzten Kapitäns- und Lotsenhäusern und deren Vorgärten, die bis zur Elbe hinunterreichen. Auch von der Elbchaussee führen nur Treppenwege, wie die Himmelsleiter oder der Schulweg, hinunter zum Elbstrom. So ist das kleine Övelgönne das einzige Hamburger Stadtquartier, das nur zu Fuß und nicht über Straßen zugänglich ist. Einst siedelten auf dem schmalen Streifen zwischen Geesthang und Elbe einige Fischer, doch schon bald hatte sich die Siedlung als Wohnort der Elblotsen etabliert, die Handelsschiffe die Elbe hinauf bis an den Kai im Hafen oder stromabwärts bis zur Elbmündung begleiteten. Im Haus *Övelgönne 13* – heute ein Restaurant – tagte die 1745 gegründete Lotsenbruderschaft.

Nur wenig weiter elbabwärts – noch hinter der 139 Treppenstufen langen »Himmelsleiter« von der Elbchaussee zum breiten Strom – liegt ein *Alter Schwede* am Elbstrand. Der Granitfindling ist 4,50 Meter hoch und stattliche 217 Tonnen schwer. Erst im zweiten Versuch konnte der bei Baggerarbeiten 1999 auf dem Grund der Elbe entdeckte Felsbrocken geborgen werden. Irgendwann vor rund 135 000 Jahren haben ihn die Gletscher der Eiszeit aus dem schwedischen Ostsmåland nach Hamburg verschoben.

HAMBURG – MEINE PERLE

Die Strandperle, der direkt am Elbstrand gelegene Imbiss ist zu allen Jahreszeiten Anlaufpunkt von Spazier- und Müßiggängern. Er ist von Neumühlen auf dem Elbwanderweg oder von der Elbchaussee über den Treppenweg am Schulberg nur zu Fuß erreichbar. Autofahrer müssen ihr Fahrzeug an der Elbchaussee oder beim Museumshafen parken. An Sommerwochenenden genießen Hunderte Besucher in Hamburgs *Beach-Club* den Blick vorbeiziehender Frachter und Containerschiffe unter Sonnenschirmen, im Gartenstuhl oder einfach im Sand mit einem Kaltgetränk oder einem Matjesbrötchen aus der Kioskbar in der Hand.

WEITERE INFORMATIONEN

Museumshafen und Feuerschiff »Elbe 3«: www.museumshafen-oevelgoenne.de, www.elbe3.org,
Das Weiße Haus: Neumühlen 50, www.das-weisse-haus.de,
Strandperle: www.strandperle-hamburg.de,
Zum Alten Lotsenhaus: Övelgönne 13, www.zum-alten-lotsenhaus.de

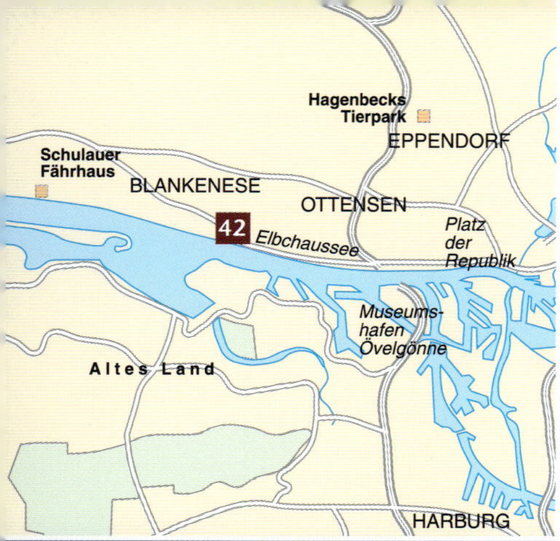

Kulinarisches Ausrufezeichen mit Elbblick: das Sternerestaurant *Le Canard nouveau* an der Elbchaussee (oben). Dekorative Kunst ziert Villengrundstücke, Vorgärten und Parks (rechts). Auf dem Gelände der alten Elbschloss Brauerei direkt an der Elbchaussee sind Villen, Wohnungen und eine Seniorenresidenz entstanden (rechts).

42 Elbchaussee

Die nobelste Prachtstraße der Stadt

Knapp neun Kilometer auf der Elbchaussee liegen das Altonaer Rathaus und das Zentrum von Blankenese voneinander entfernt, eine Fahrt durchs Grüne oberhalb des Geesthangs und parallel zum Elbstrom. An beiden Seiten Villen und Parks, dazu einige der besten Restaurants der Hansestadt. Beim Elbanleger Teufelsbrück kommt die Elbchaussee dem Fluss ganz nahe, ansonsten führen nur einige Treppenwege zum Ufer hinunter.

Die Straße auf dem hohen Elbufer säumen prachtvolle Grundstücke und Villen. Einst breitete sich hier eine baumlose Heidelandschaft aus. Ein Sandweg verband die Dörfer jenseits der Hamburger Stadtgrenze: Ottensen, Othmarschen, Flottbek, Nienstedten und Blankenese. Dann bauten wohlhabende Kaufleute aus Hamburg und Altona luxuriöse Landhäuser auf die Anhöhe mit dem weiten Blick über die Elbe. Sie ließen sogar Gartenerde aus dem Alten Land über den Fluss schaffen, um die karge Heide in dekorative Gärten und Parks zu verwandeln. Caspar Reichsfreiherr von Voght war einer dieser liberalen Patrizier. Mit seinem Partner Georg Heinrich Sieveking betrieb er ein erfolgreiches Handelshaus, das ihn mit Nobilitäten aus ganz Europa bekannt machte. Auf seinem riesigen Landsitz – Teile davon bilden heute den Jenischpark – verkehrten Dichter wie Beaumarchais und Stendhal. Woermann hieß ein anderer Kaufmann an der Elbchaussee, der war mit Sklaven- und Schnapshandel reich geworden, die Godefroys gehörten dazu, die Kopra-Handel und Perlenfischerei in der Südsee betrieben, oder der Bankier Salomon Heine, dessen dichtender Neffe Heinrich hier gelegentlich zu Gast war.

Hamburg kulinarisch

Selbst auf der Elbchaussee gibt es heute noch Klassenunterschiede. Wer in einem Haus zum Elbhang lebt, wohnt auf der »Butterseite« mit den ungeraden Hausnummern, die anderen müssen mit der »Margarineseite« Vorlieb nehmen. Entlang der Prachtstraße und in Blankenese sind zudem einige der besten Restaurants der Hansestadt aufgereiht: das *Landhaus Dill* und das *Landhaus Scherrer*, das *Le Canard Nouveau*, das *Engel* auf dem Teufelsbrück-Fähranleger und *Louis C. Jacob*, Nobelhotel und Spitzenrestaurant mit Lindenterrasse über der Elbe. Schließlich, schon auf dem höchsten Punkt in Blankenese, das *Seaven Seas* als Teil des Restaurant- und Hotelensembles

Prachtvolle Portale zieren viele der Palais entlang der Elbchaussee (oben und Mitte). Im Botanischen Garten erinnert eine Büste an die 2010 verstorbene Loki Schmidt. Eine doppelreihige Lindenallee führt durch den Hirschpark oberhalb der Elbe (rechts unten).

auf dem Süllberg. Ohnehin hat sich Hamburg, neben Berlin, zur wichtigsten Gourmetdestination Deutschlands entwickelt, mit einem Dutzend Sternerestaurants und innovativer Bistrokultur.

Der Jenischpark

Der weitläufige Jenischpark direkt an der Elbchaussee und nur einige Schritte vom Anleger Teufelsbrück entfernt, ist eigentlich der südliche Teil der von Baron Caspar Voght vor über 200 Jahren angelegten Ornamental Farm, einer Parkanlage, die landwirtschaftlich genutzte Parzellen und Gartenflächen zu einer ästhetischen Einheit zu verbinden suchte. Voght verkaufte seinen Land(wirt)schaftspark 1828 an den Hamburger Kaufmann und Bausenator Martin Jenisch, der die Grünanlage für seine Zwecke als großbürgerlichen Sommersitz anpassen ließ. Im klassizistischen, nach Entwürfen von Franz Gustav Forsmann und Karl Friedrich Schinkel 1834 erbauten Herrenhaus waren auch schon König Christian VIII. von Dänemark oder der deutsche Kaiser Wilhelm II. zu Gast. Der 1927 von Altona gepachtete und später erworbene Park steht heute unter Denkmalschutz. Dank der bis heute erhaltenen Sammlung des einstigen Hamburger Kaufmanns und Großbürgers Martin Johann Jenisch d.J. bietet sich dem Jenisch Haus immer wieder die Möglichkeit reizvoller Kontraste zwischen großbürgerlicher hanseatischer Wohnkultur und den künstlerischen Repräsentanten des 19. Jahrhunderts zur Kunst von heute. Unterschiedliche Veranstaltungen wie Salongespräche, Lesungen und Konzerte finden in der Villa ein besonderes Ambiente. Das privat von einer Stiftung getragene Ernst Barlach Haus, in einem funktionalen Kunstbungalow des Hamburger Architekten Werner Kallmorgen im Jenischpark untergebracht, hat es sich zur Gewohnheit gemacht, die ständige Sammlung mit Hauptwerken des expressionistischen Künstlers (1870 bis 1938), mit Bildhauer- und Gestaltungskunst der Gegenwart sowie mit Musikaufführungen einer Konzertreihe zu konfrontieren.

Botanischer Garten mit Loki-Schmidt-Haus

Nur wenig weiter nördlich breitet sich im Stadtteil Groß-Flottbek auf einer Fläche von 23 Hektar der Neue Botanische Garten aus – mit 20000 Pflanzenarten in einem Dutzend Themengärten. Sie stehen allen offen, gehören aber zum Botanischen Institut der Universität, die in den 1970er-Jahren ihre alte Gartenanlage im Stadtzentrum zugunsten des Landschaftsparks Planten un Blomen aufgeben musste. Die neue Anlage gliedert sich frei von der früheren räumlichen Begrenzung in mehrere Komplexe. Das Loki Schmidt Haus, ein mit violetten Kacheln dekorierter Kubus, widmet sich der Entwicklung von Nutzpflanzen von Apfel bis Zucchini, daneben entfaltet sich in einem Glashaus ein tropisches Ambiente. Der Bereich MEN widmet sich der Beziehung von Menschen und Pflanzen und zeigt dieses anschaulich in einem Bibelgarten mit Heilpflanzen sowie einem Bauerngarten. Der Komplex SYS steht für Systematik, mit vielen Beispielen für verwandte Pflanzenarten von ganz unterschiedlichem Erscheinungsbild. Im Bereich GEO sind Pflanzen nach unterschiedlichen geografischen Zonen grup-

piert. Es werden vor allem Pflanzen aus gemäßigten Klimaregionen in Nordamerika und Eurasien sowie aus dem südlichen Südamerika gezeigt. Im Alpinum geht es dagegen um Gewächse aus den Hochgebirgen Europas.

Das feine Nienstedten

Den kleinen, aber feinen Stadtteil Nienstedten begrenzen im Süden und Norden die Elbe und die S-Bahnstrecke mit den Haltestellen Klein Flottbek und Hochkamp sowie in Ost und West der Jenisch- und der Hirschpark. Viele Villen zeugen von gediegenem Wohlstand. Bereits im 17. Jahrhundert ließen sich hanseatische Kaufleute hier Sommerresidenzen erbauen. Die nette, 1751 errichtete Ortskirche direkt an der Elbchaussee ist als »Heiratskirche« überaus beliebt. Auf ihrem Friedhof findet man prominente Grabstätten wie die der Familie Hagenbeck oder das Familiengrab der Tabakdynastie Reemtsma und Bernhard von Bülow. Auch der 1986 verstorbene Schriftsteller Hubert Fichte wurde hier bestattet.

Aromatee im Witthüs

Der Hirschpark an der Elbchaussee ist sicher eine der schönsten Grünanlagen der Hansestadt. Hier lässt es sich entspannt unter dem Blätterdach jahrhundertealter Lindenbäume schlendern, vorbei an dekorativen Schaugärten, Teichen und klassizistischen Gebäuden. Nach wie vor äsen hier Damwild und Rentiere in eingezäunten Gehegen. Der Kaufmann Johann Cesar Godeffroy hatte das Gelände 1786 erworben und hier einen Hirschpark anlegen lassen. Seit mehr als 80 Jahren ist die Parkanlage kurz vor Blankenese öffentlich zugänglich. Im Witthüs, einst als Kavaliershaus des Godeffroy'schen Anwesens erbaut, wohnte in den 1950er-Jahren der Dichter und Orgelbauer Hans Henny Jahnn. Heute ist es eine beliebte Teestube.

HEINE IN HAMBURG

Wenn Heinrich Heine in Hamburg war, wohnte er oft bei seinem Onkel Salomon Heine in dessen Landhaus an der Elbchaussee 31. Der »Rothschild Hamburgs« genannte Banker gehörte zu den großen Wohltätern der Stadt. Im Gartenhaus – die Villa wurde 1881 abgerissen – veranstaltet der *Verein Heine-Haus* heute ein Dutzend Veranstaltungen zu kulturellen Themen.

WEITERE INFORMATIONEN

Ernst Barlach Haus: im Jenischpark/Baron-Vogt-Str., www.barlach-haus.de, **Jacobs Restaurant:** Elbchaussee 401-403, www.hotel-jacob.de, **Jenisch Haus:** Museum für Kunst und Kultur an der Elbe, Baron-Voght-Str. 50, www.altonaermuseum.de, **Le Canard nouveau:** Elbchaussee 139, www.lecanard-hamburg.de, **Landhaus Dill:** Elbchaussee 94, www.landhausdill.com, **Landhaus Scherrer:** Elbchaussee 130, www.landhausscherrer.de, **Neuer Botanischer Garten:** Hesten 10, www.bghamburg.de, **Süllbergterrassen:** Süllbergsterrasse 12, www.suellberg-hamburg.de, **Verein Heine-Haus:** www.heine-haus-hamburg.de, **Witthüs:** Elbchaussee 499 a, www.witthues.com

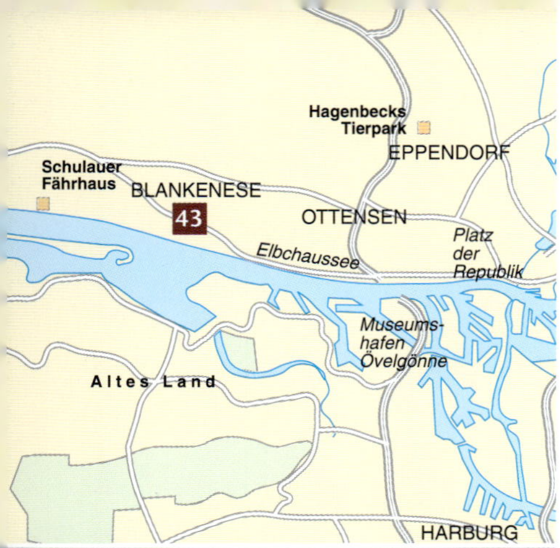

Seit mehr als 100 Jahren weist das Leuchtfeuer Wittenbergen Schiffen den Weg auf der Elbe (oben). Vom Wasser aus ist der Ausblick auf das hügelige Blankenese am schönsten (rechts oben). Die Aussicht von der Kaffeeterrasse auf dem Süllberg reicht weit über die Elbe (rechts unten).

43 Blankenese

Treppenviertel zwischen Süllberg und Elbe

Das historische Treppenviertel mit seinen kleinen Wegen und vielen Stufen zwischen Fischerhäuschen und Kapitänsvillen zieht sich äußerst dekorativ vom breiten Strom den Elbhang hinauf. Vom Biergarten auf dem immerhin 75 Meter hohen Süllberg geht der Blick zu den vorbeiziehenden Schiffen auf der Elbe und von deren Südufer bis weit nach Niedersachsen hinein.

Als hell oder weiß kann man »blank« übersetzen, »nese« meint einen Vorsprung, wie eine Nase. Dieser »helle Vorsprung«, eine markante Sandbank, ragte hier bis zur großen Sturmflut von 1634 in die Elbe hinein und verhalf Blankenese zu seinem Namen. Auf dem Süllberg, Hamburgs »Mount Everest« nördlich der Elbe, bewachten einst ein Kloster und später eine Burg der Holsteiner Herzöge die Elbe samt Fährstrecke vom Nord- bis zum Südufer: genau dort, wo heute ein attraktives und luxuriöses Hotel- und Gastronomie-Ensemble seine Gäste begrüßt. Der höchste Berg des Viertels ist mit 91,6 Metern jedoch der Baurs Berg im Ortsteil Falkenstein. Auch den Fähranleger Bulln gibt es noch, die Fähre aus Cranz am südlichen Elbufer legt hier an und das regelmäßige Linienschiff aus St. Pauli.

58 Treppen mit 5000 Stufen

Einst wohnten im verwinkelten Treppenviertel am Elbhang vor allem Kapitäne, Lotsen und Elbfischer, die mit ihren reichen Lachs-, Schollen-, Stint- und Scharbenfängen das Elbdorf zu einem der wichtigsten Marktplätze für Fische in Norddeutschland entwickelt hatten. Wer heute hier ein Wohnhaus kaufen will, muss – sofern überhaupt eines angeboten wird – dafür sehr tief in die Tasche greifen und sich die Anerkennung der übrigen Bewohner, des »Treppenadels«, lange erarbeiten. Außerdem müssen sich alle damit arrangieren, ihre Fahrzeuge anderswo zu parken. Schließlich stehen Häuschen und Villen dicht gedrängt aneinander und sind meist nur über eine der 58 Treppen mit zusammen fast 5000 Stufen erreichbar. Nur zwei schmale Straßen führen den Elbhang hinunter. Auf ihnen verkehrt auch ein HVV-Bus des öffentlichen Nahverkehrs, der bis zu 15 Prozent Steigung überwinden muss und passenderweise »Bergziege« genannt wird. Gebürtige Blankeneser sprechen noch heute von ihrem Stadtteil nur als dem »Dorf«, und wer ins Hamburger Zentrum will, fährt in die »Stadt«.

Ausflugslokale servieren Kaffee und Kuchen mit Panoramablick (oben). Bei Ebbe verbreitert sich der Strand am Falkensteiner Ufer (Mitte). Am Elbanleger in Blankenese kann man in der Sonne baden oder im *Fischclub* Scholle verspeisen (unten). Der Blankeneser Segelclub ist auf einem Ponton unterbegracht, der sich mit Ebbe und Flut hebt und senkt (rechts unten).

Um die Wende zum 20. Jahrhundert herum entdeckten die reichen Kaufleute aus Hamburg und Altona den netten Vorort und bauten sich Landsitze in die hügelige Moränenlandschaft. Einige der Parkanlagen Blankeneses wie der Goßlers Park, der Hessepark und der Baurs Park hatten ein Vorleben als private Grünanlagen herrschaftlicher Wohnsitze. Der Sven-Simon-Park ist eine Stiftung des Großverlegers Axel Springer, der 1980 ein 55000 Quadratmeter großes Privatgelände im Gedenken an seinen durch Selbstmord verstorbenen Sohn mit dessen Pseudonym für die Öffentlichkeit freigab.

Puppenmuseum Falkenstein

Am Elbhang oberhalb des Falkensteiner Ufers liegt im Sven-Simon-Park eines der bemerkenswertesten Privatgebäude Hamburgs. Die weiße Villa mit klaren Linien und einer großen gerundeten Panoramascheibe, von Karl Schneider schon 1923 im Stil des Neuen Sachlichen Bauens am Grotiusweg errichtet, galt lange als Avantgardebau, bewundert auch vom Bauhausbegründer Carl Gropius. Fast hätte die Abrissbirne in den 1970er-Jahren das Architekturkleinod zerschmettert. Dem Verleger Axel Springer war die Abbruchgenehmigung schon erteilt, doch die Abbrucharbeiter waren nicht fristgemäß angerückt. Gelände und Hausruine wurden 1980 der Stadt vermacht. Die einigte sich später mit der Galeristin und Grafikerin Elke Dröscher über Renovierung und Unterhalt des Hauses, in dem nun eine Sammlung von mehr als 600 Puppen aus drei Jahrhunderten und dazu 60 Puppenstuben große und kleine Besucher erfreut. Gleichzeitig bietet es einen Einblick in einen Mikrokosmos der Zeitgeschichte.

Vom Falkensteiner Ufer mit seinem schönen bis zum Sandstrand an der Elbe reichenden Baumbestand weist ein unscheinbares Schild zum *Römischen Garten*, den man über eine mit Granit gepflasterte Treppe 30 Meter über dem Elbufer erreicht. Ein herrlich angelegter Rosengarten, ein Teich mit Seerosen, mediterrane Pflanzen, Zypressen, Eichen, Ahorn und Linden erfreuen das Auge. Angelegt wurde das wenig bekannte Kleinod ab 1880, später ließ die Bankiersfamilie Warburg als neue Besitzer die Anlage mit Jugendstilelementen umgestalten. Nach einer Schenkung gehört der versteckte Park seit 1951 der Stadt. Eine halbrunde weiße Bank offeriert Panoramablicke auf die Elbe und ihr Südufer. Die terrassenförmige Naturbühne sieht im Sommer Aufführungen des Theaters N.N., das ansonsten am Hellkamp in Eimsbüttel inszeniert.
Blankenese gilt schon lange als noble Adresse, die viele Prominente anzieht. Karl Lagerfeld besaß hier lange eine Villa mit vier Hektar Park drumherum, die Schauspielerin Elisabeth Flickenschildt ist hier geboren, der Dichter Hans Henny Jahnn und Ulrike Meinhof – zumindest während ihrer Ehe mit dem *konkret*-Verleger Röhl – lebten hier, die *Zeit*-Verlegerin Marion Gräfin Dönhoff, der Zeichner und Grafiker Horst Janssen lebte und arbeitete in Blankenese, ebenso wie der Sänger Ralf Zuckowski oder der Komiker Otto Waalkes.

Sauberes Wasser für Altona

Der Baursberg im Ortsteil Falkenstein ist mit 91,6 Metern zwar fast 20 Meter höher als der Süllberg, aber weit weniger bekannt. Dafür verbirgt das parkartige

Gelände auf der Kuppe eine zwar profane, doch mindestens ebenso interessante Geschichte. Seit 1859 wurde in dem markanten Gebäudeensemble, das einer Burg nicht unähnlich ist, das Trinkwasser Altonas aufbereitet. Ein Pumpwerk am Falkensteiner Ufer beförderte das dort entnommene Elbwasser zur *Wasserkunst* auf den Hügel. Hier wurde es mit Sandfiltern auf Trinkwasserqualität gereinigt und zur Versorgung der Bevölkerung ins Leitungsnetz gepumpt. Die eigenständige Stadt Altona war seinem hanseatischen Konkurrenten Hamburg damit weit voraus, wie sich 1892 bei der großen Choleraepidemie zeigen sollte. Während in Hamburg 17000 Menschen erkrankten und die Hälfte von ihnen starb, hatte Altona, vor allem wegen des sauberen Trinkwassers, kaum Opfer zu beklagen. Heute wird der Elbe kein Wasser mehr entnommen, über einige Tiefbrunnen gelangt jedoch immer noch Trinkwasser auf den Baursberg. Die ehemaligen Wasserbecken am Falkensteiner Ufer werden nach Abschluss der laufenden Renaturierungsmaßnahmen Fischen, Kröten und anderen Amphibien als Laichplatz und Lebensraum dienen.
In der Nähe des Falkensteiner Ufers – vielen Elbspaziergängern als Ziel bekannt – ragt der rund 30 Meter hohe denkmalgeschützte Leuchtturm Wittenbergen direkt am Elbufer des Ortsteils Rissen in die Höhe. Das Leuchtfeuer des Stahlgitterturms bietet zusammen mit anderen Leuchttürmen seit dem Jahr 1899 elbabwärts fahrenden Schiffen eine Orientierung. Gleich hinter dem Leuchtturm beginnt das 67 Hektar große Naturschutzgebiet Wittenbergen, das von Heideflächen auf dem Geestrücken bis zu Feuchtgebieten in Ufernähe des Flusses reicht.

OSTERFEUER AM ELBUFER

Immerhin vier Kilometer misst das Elbufer von Blankenese. Zu verlockend, um nicht am Ostersonnabend ein Osterfeuer anzuzünden. Der eigentlich heidnische Brauch, mit den Flammen den Winter zu vertreiben, hat sich nicht ausrotten lassen. So versammeln sich Pyromanen und Romantiker zu Tausenden nicht nur am Elbstrand von Blankenese gleich unterhalb des Treppenviertels und lassen – wegen des Funkenfluges allerdings nur mit strengen Auflagen der Feuerwehr – die Flammen in den nächtlichen Himmel lodern. Auch auf dem Wasser tummeln sich Dutzende Ausflugsboote zum abendlichen Spektakel. Je nach Windrichtung ist der Geruch von verbranntem Holz in der halben Stadt zu riechen.

WEITERE INFORMATIONEN

Blankenese: www.blankenese.de, **Puppenmuseum Falkenstein:** Grotiusweg 79, www.elke-droescher.de, **Sagebiels Fährhaus:** Blankeneser Hauptstraße 107, www.sagebielsfaehrhaus.de, **Süllbergterrassen:** Süllbergsterrasse 12, www.suellberg-hamburg.de, **Theater N.N.:** www.theater-nn-hamburg.de

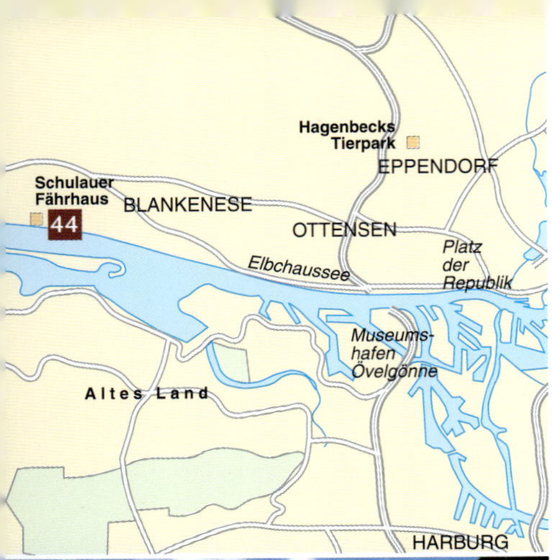

44 Schulauer Fährhaus

Legendäre Schiffsbegrüßungsanlage

Im Schulauer Fährhaus, ganz am westlichen Stadtrand von Hamburg, werden die in den Hafen ein- und auslaufenden Schiffe per Lautsprecheranlage begrüßt und verabschiedet. Pensionierte Seekapitäne sitzen am Mikrofon des Willkomm-Höft, legen die entsprechende Nationalhymne auf und können den Besuchern zu jedem Schiff etwas erzählen.

Dekorative Bank mit Helgoland-Motiv beim Schulauer Fährhaus (oben). Auf der Batavia im Hamburger Vorort Wedel spielen auch regelmäßig Jazz- und Bluesgruppen auf (unten). Der Wedeler Roland (rechte Seite unten) mit Krone, Schwert und Reichsapfel steht für die Marktgerechtigkeit und die vom Kaiser verliehenen Handels- und Marktrechte.

Ganz entspannt zurückgelehnt bei Kaffee und Kuchen auf der Terrasse des Schulauer Fährhauses kann Fernweh richtig schön sein. »Willkommen in Hamburg, wir freuen uns, Sie im Hamburger Hafen begrüßen zu dürfen!« Nostalgische Seefahrerromantik macht sich breit, wenn die Namen ferner Herkunftsländer der vorbeifahrenden Schiffe erklingen. Wie in einem endlosen Theaterstück wird

von Sonnenauf- bis -untergang jedes der vielen einlaufenden Schiffe ab 1000 Grosstonns (GT) erneut mit dem Tusch *Steuermann halt die Wacht* aus Lautsprechern begrüßt oder elbabwärts auslaufende mit der Melodie *Muss i denn, muss i denn zum Städtele hinaus* verabschiedet. Die Nationalflagge steigt am 40 Meter hohen Fahnenmast empor, die Hymne des Landes erklingt und die Kaffeegäste des Fährhauses erfahren, woher der Frachter kommt und was er geladen hat. Auch wenn an Bord der entfernt vorbeifahrenden Schiffe nur geahnt werden kann, was genau aus den Lautsprechern an Land kommt, ist das Willkomm-Höft bei den Schiffsbesatzungen weltweit bekannt und beliebt. Der Gruß von Land wird von Bord mit Dippen, also dem kurzen Senken der Flagge erwidert. Ein derart herzlicher Willkommensgruß ist in anderen Häfen auf der Welt eben nicht üblich.

Seit dem 12. Juni 1952 ist die Schiffsbegrüßungsanlage des Schulauer Fährhauses in Betrieb. Meist sind es pensionierte Kapitäne, die an den Mikrofonen der

Schiffsbegrüßungsanlage sitzen. Ihre Informationen erhalten sie vom Hamburger Schiffsmeldedienst, der stets die aktuellen Schiffsbewegungen auf der Elbe verfolgt. Die Datenbank der Anlage hat mehr als 15000 Schiffe mit ihren Abmessungen, dem Laderaum, ihrem Baujahr und der Schiffswerft, wo sie gebaut und zu Wasser gelassen wurden, gespeichert. Rund 150 Nationalhymnen mit fast allen Sprachen der Welt sind gespeichert und können auf Knopfdruck abgerufen werden. Genau genommen liegt Wedel bereits jenseits der Hamburger Landesgrenze im Kreis Pinneberg von Schleswig-Holstein, aber die Schiffsbegrüßungsanlage gehört zum Hafen wie der Elbtunnel.

Historischer Ochsenmarkt

Eine steinerne, die Marktgerechtigkeit symbolisierende Rolandsfigur auf dem alten Marktplatz des Ortes erinnert daran, dass das Städtchen seit rund 500 Jahren ein Umschlagsplatz für Rinder ist. Früher trieben Viehhändler und Bauern bis aus dem nördlichen Jütland die Tiere den historischen Ochsenweg entlang nach Wedel, einen Pfad, der auf dem Geestrücken der Kimbrischen Halbinsel sumpfiges Marschland umging. Auf dem Ochsenmarkt der Stadt wurden oft Hunderte von Tieren umgeschlagen, bis zu 50000 im Jahr. Heute wechseln aber nur noch einige Dutzend Rinder und Pferde, die auf Hängern aus anderen Regionen von Schleswig-Holstein oder Niedersachsen hierhergebracht werden, auf dem offiziellen Ochsenmarkt Ende April mit Handschlag die Besitzer. Teile des historischen Pfades werden heute als Wanderweg oder Radstrecke genutzt.

Geburtshaus von Ernst Barlach als Museum

Ernst Barlach wurde im Januar 1870 in der Mühlenstraße von Wedel geboren. Das klassizistische Bürgerhaus ist zum Ernst Barlach Haus umgestaltet, einem Museum und Ort des Dialogs zur Kunst und Literatur der klassischen Moderne und des deutschen Expressionismus. Die repräsentative Dauerausstellung zeigt Skulpturen, Zeichnungen, Holzschnitte, Lithografien, Briefe und Manuskripte des sich zwischen Realismus und Expressionismus bewegenden Künstlers.

HAMBURGER EXKLAVE AN DER ELBMÜNDUNG

Neuwerk, eine Insel in der Elbmündung, ist zwar 130 Kilometer vom Rathaus entfernt und gehört doch zu Hamburg. Man erreicht das Eiland mit von Pferden gezogenen Wattwagen, oder bei Flut mit einer Fähre von Cuxhaven aus.
Zusammen mit den Vogelreservaten der Inseln Scharhörn und Nigehörn gehört Neuwerk zum Nationalpark Hamburgisches Wattenmeer, der zusammen mit dem dänischen und den niederländischen Nationalparks die Wattlandschaft der Festlandsküste an der Nordsee schützt und seit 2011 zum UNESCO-Weltnaturerbe Wattenmeer gehört. Der wuchtige, aus gebrannten Ziegelsteinen gemauerte Leuchtturm, ein ursprünglicher Wehrturm, stammt schon aus dem frühen 14. Jahrhundert. Schon lange unter Denkmalschutz gestellt, ist er das älteste erhaltene Gebäude der Hansestadt.

WEITERE INFORMATIONEN

Ernst-Barlach-Museum: Wedel/Holstein, Mühlenstr. 1, www.ernst-barlach.de,
Schulauer Fährhaus: Parnaßstr. 29, 22880 Wedel, www.schulauer-faehrhaus.de

Saftige Weiden, blühende Apfel- und Kirschbäume, Fachwerkhäuser der Marschbauern und Arp-Schnitger-Orgeln: Bergedorf, Harburg und das Alte Land zeigen die ländliche Seite der Hansestadt.

Osten und Süden

45 Bergedorf

Die Kirche St. Peter und Paul wird auf einen ersten Kirchenbau aus dem Jahre 1162 zurückgeführt (unten). Der vom Hamburger Bildhauer Christian Precht geschaffene Altar ist im Stil der Frührenaissance gestaltet (oben). Das Bergedorfer Schloss (rechts unten) war lange Sitz der Amtsmänner von Lübeck und Hamburg.

Stadtbezirke mit eigenem Charakter

Gut 120 000 Einwohner zählt der östlichste Stadtbezirk Hamburgs. Ein Drittel davon wohnt im Stadtteil gleichen Namens, schon im Mittelalter Hauptort des umliegenden Landgebiets. Wer die Alte Holstenstraße und beim Sachsentor – heute Fußgängerzone – entlangschlendert, spürt noch immer die Atmosphäre einer Kleinstadt. Dazu gehören Schloss, Rathaus, Bahnhof und eine eigene Tageszeitung.

Die Geburtsurkunde von Bergedorf reicht 850 Jahre zurück. Ausgrabungsfunde zeigen, dass die Lage schon für die Menschen in der Jungsteinzeit um 3000 v. Chr. attraktiv gewesen sein muss. Anno 1162 wird *Bargerdorp* erstmals urkundlich erwähnt. »Dorf am Berg« mag der Ortsname bedeuten, schließlich liegt der Ursprung der Siedlung auf dem Geestrücken, direkt am alten Ufer des eiszeitlichen Urstromtales, in dem heute die Elbe fließt. Erst seit 1868 wurde die Kleinstadt ganz im Osten der Hansestadt Hamburg von dieser eingemeindet. Vorher war Bergedorf lange von Hamburg und Lübeck gemeinsam verwaltet worden. Doch für viele alteingesessene Bergedorfer gilt immer noch: Wer Hamburgs City besuchen will, fährt in »die Stadt«. Und mit der *Bergedorfer Zeitung*, der *BZ*, verfügt der Bezirk noch über eine der wenigen Tageszeitungen in der Stadt.
An der Alten Holstenstraße und beim Sachsentor, heute verkehrsberuhigte Fußgängerpassage, zeigt Bergedorf noch seinen idyllischen, kleinstädtischen Charakter. Mit Fachwerkhäusern und einer alten Mühle. Der Fachwerkbau der aus dem Jahr 1502 stammenden und vielfach umgebauten, erweiterten Kirche St. Petri und Pauli lohnt vor allem wegen ihrer Kanzel von 1585, dem von Christian Precht geschaffenen Altar aus dem 17. Jahrhundert und ihrer bemalten hölzernen Logen aus dem frühen 18. Jahrhundert, einen Besuch.

Das einzige erhaltene Schloss in Hamburg

Das direkt an der Bille gelegene und aus Backstein errichtete Bergedorfer Schloss war Burg, Residenz und Verwaltung. Heute beherbergt es das Museum für Bergedorf und die Vierlande. 1208 wurde hier die Bille aufgestaut, um eine Kornmühle zu betreiben. Eine 1224 nebenan erbaute Wasserburg gehörte zu den Vorläufern des heutigen Schlosses. Ende des 12. Jahrhunderts hatten die Herzöge von Sachsen-Lauenburg das Land zwischen Bille und Elbe, die sogenannten Vier- und Marschlande mit Entwässerungsgräben

und Ringdeichen trockenlegen lassen, sodass hier fruchtbares Ackerland entstand. Die Siedlung an der Bille erhielt 1275 Stadtrecht, und um 1350 findet ein Bergedorfer Schloss erstmals Erwähnung in den Annalen. Nach Zerstörungen und Wiederaufbau teilten sich schließlich die Hansestädte Lübeck und Hamburg. Im Jahr 1868 schließlich erwarb Hamburg die Rechte des inzwischen weniger bedeutenden Lübeck, das Schloss wurde Sitz des Bezirksbürgermeisters, an den noch das alte Landherrenzimmer mit Mahagonitäfelung, Intarsien und Kaminofen im Vierländer Heimatstil erinnert. Auch die Sammlungen zur Heimatgeschichte lohnen den Besuch.

Nicht weit entfernt kann man noch den historischen Stadthafen am Billefluss erahnen, in dem einst Frachtkähne lagen, heute aber nur noch Freizeitboote schippern. Die Bille, einer der Elbzuflüsse, entspringt bei Trittau im Südosten Schleswig-Holsteins, schlängelt sich am Rande des Sachsenwaldes entlang, durch Bergedorf und Billbrook, bis sie 65 Kilometer später im Gewerbegebiet von Hammerbrook in die Elbe mündet. Der Erhalt des Schlosses und einiger historischer Gebäude ist auch dem Verhandlungsgeschick, Geld und Glück zu verdanken. Während des Dreißigjährigen Kriegs verhinderten großzügige Zahlungen die Plünderung durch kaiserliche Landsknechte, und während des Zweiten Weltkriegs blieb Bergedorf von den verheerenden Bombardements, die auf Hamburg niedergingen, verschont.

Vier- und Marschlande

Die Niederungen zwischen Bergedorf und dem Nordufer der Elbe haben bereits

STERNWARTE AUF DEM GOJENBERG

Die Fernrohre der ersten Sternwarte Hamburgs schauten im Jahr 1802 von der Bastion Albertus der Hamburger Wallanlagen, wo seit Langem das Bismarck-Denkmal steht, in den Himmel. Doch Luftverschmutzung, Stadtlichter und Verkehr machten innerstädtische Standorte unbrauchbar. Schließlich wurde die städtische Sternwarte 1912 auf dem Gojenberg bei Bergedorf neu eröffnet. Das von der Hamburger Universität betreute Observatorium steht mit seinen verschiedenen Teleskopen inzwischen als »Kulturdenkmal von nationaler Bedeutung« unter Denkmalschutz.

WEITERE INFORMATIONEN

Café de la Note: im Bergedorfer Schloss, www.cafe-la-note.de, **Deutsches Maler- und Lackierermuseum:** Billwerder Billdeich 72, www.malermuseum.de, **Harderhof:** Moorfleter Deich 395, www.harderhof-kinderfeste.de, **Museum für Bergedorf und die Vierlande:** Bergedorfer Schlossstr. 4, www.bergedorfmuseum.de, **Rieck Haus – Vierländer Freilichtmuseum:** Curslacker Deich 284, www.altonaermuseum.de, **Sternwarte:** www.sternwarte-hh.de

Historische Bockwindmühle beim Rieck-Haus (oben). Die Vier- und Marschlande sind das traditionelle Anbaugebiet Hamburgs für Gemüse und Blumen (Mitte). Altes Fachwerkhaus und Glockenturm von St. Johannis in Curslack (unten).

eine 400-jährige Geschichte als Kulturlandschaft hinter sich. In den Marschlanden bauten sich auch wohlhabende Kaufleute aus Bergedorf und Hamburg prächtige Landsitze, von denen einige als idyllische Enklave von Reetdachhäusern zwischen dem Boberger Naturschutzgebiet und dem Billbrooker Gewerbegebiet überlebt haben. Im Glockenhaus von Billwerder ist heute das *Deutsche Maler- und Lackierermuseum* untergebracht. Das aus dem 16. Jahrhundert stammende und später zu einem schmucken Fachwerkhaus mit Barockgarten umgebaute Hauptgebäude des Museums steht unter Denkmalschutz. In mehreren Räumen werden Beispiele der Tradition und Handwerkskunst von Malern und Lackierern gezeigt. Der Malersaal zeigt diverse Möglichkeiten, einen Raum mit unterschiedlichen Maltechniken, Schattierungen und Effekten zu dekorieren. Ein Kabinett informiert über Zunftordnungen und den früheren Brauch, nach dem Gesellen nach ihrer Prüfung drei Jahre und einen Tag auf Wanderschaft gehen mussten.

Blumen und Gemüse für Hamburg

Noch immer kommt ein Großteil des auf den Märkten der Hansestadt verkauften Gemüses aus dem »grünen Garten Hamburgs«, dem größten zusammenhängenden Blumen- und Gemüseanbaugebiet Deutschlands, das im Süden von der Elbe begrenzt wird. Von Zollenspieker, einer bis 1806 noch aktiven Zollstation mit seinem als Ausflugslokal beliebten Fährhaus kreuzt eine Elbfähre den Strom, die in Hoptje am Südufer wieder anlegt.
Als Heinrich der Löwe (1127–1195) Herzog der Sachsen war, ließ er das feuchte Gebiet der Elbmarsch eindeichen. Jeder Bauer erhielt ein schmales Grundstück von knapp 10000 Quadratmetern, das direkt an den Deich stieß. Das Deichrecht war klar: »Wer nich will dieken, mutt wieken!«, wer keine Arbeiten am gemeinsamen Deich leistete, hatte auch das Recht auf sein Ackerland verwirkt. Die vier Kirchspiele Neuengamme, Altengamme, Kirchwerder und Curslack bildeten die Vierlande, die Kirchspiele Moorfleet, Billwerder, Allermöhe und Ochsenwerder die Marschlande. Das Vierländer Freilichtmuseum Rieck Haus zeigt noch eines der alten *Hufnerhäuser* aus dem 17. Jahrhundert mit historischer Scheune und Entwässerungsmühle. Es ist mit Vierländer Bauernmöbeln eingerichtet. Den Harderhof in den Vier- und Marschlanden gibt es schon seit 350 Jahren. Er liegt an der *Doven Elbe*, einem stillgelegten Arm des Flusses. Hier werden Pferde, vor allem Trakehner gezüchtet, es gibt Ponys, Ziegen, Kaninchen oder Meerschweinchen. In über das Jahr verteilten »Jahreszeitenkursen« erfahren Kinder und Erwachsene vieles über den Wandel und die Kreisläufe der Natur.
Die St. Nicolaikirche in Altengamme macht wie andere Gotteshäuser in Vierlande von außen einen eher schlichten Eindruck, doch im Inneren birgt sie viele Schätze. Ungewöhnlich sind die 59 kunstvollen eisernen Hutständer an den Männerbänken, die mit metallenen Tulpen, Rosen und Nelken dekoriert sind, mit Figuren, wie dem »Wilden Mann«, mit Herzen, Kronen, Löwen und Vögeln. Der bronzene Taufkessel stammt noch von 1380, eine der drei Glocken, die 1487 gegossene *Celsa* im hölzernen Kirchturm stammt vom 1806 abgerissenen Hamburger Mariendom.

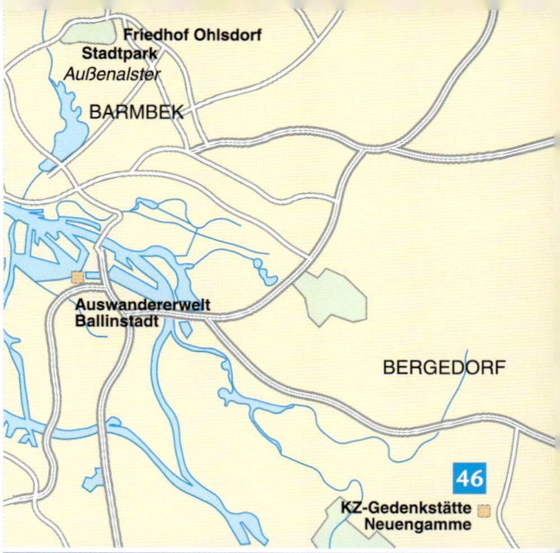

46 KZ-Gedenkstätte Neuengamme

Ausstellungs-, Begegnungs- und Veranstaltungsort

Im größten Konzentrationslager Norddeutschlands waren über 100 000 Menschen zusammengepfercht. Knapp die Hälfte von ihnen hat die Naziherrschaft nicht überlebt. Viele Firmen der Region haben sich der billigen Zwangsarbeiter bedient. Die Gedenkstätte auf dem Gelände wird von Besuchern aus aller Welt besucht und dient für Diskussions- und Kulturveranstaltungen.

Hamburg sollte im »1000-jährigen Reich« der Nazis »Führerstadt« werden. Billiges Baumaterial sollten Ziegeleien wie die in Neuengamme liefern. Hier schufteten seit 1938 Zwangsarbeiter aus dem KZ Neuengamme, dem mit über 100 000 Häftlingen aus vielen Staaten Europas und 85 Nebenlagern größten Konzentrationslager im Nordwesten Deutschlands. Über 40 000 von ihnen gingen an den brutalen Lebens- und Arbeitsbedingungen zugrunde oder wurden ermordet. Auf dem weitläufigen Gelände sind 15 KZ-Gebäude erhalten. Rundwege führen am früheren Klinkerwerk, den ehemaligen Häftlingsbaracken und SS-Gebäuden entlang.

Klinkersteine für »Führerbauten«

Auch diverse Firmen aus dem norddeutschen Raum beschafften sich billige Arbeitskräfte. Ein Modell zeigt die Einrichtungen des früheren KZs, die Ausstellung mit vielen Originalexponaten und Dokumenten schildert den grausamen Alltag der Häftlinge. Im *Haus des Gedenkens* wird der hier Ermordeten mit Namen gedacht. Auf langen Stoffbahnen sind die Namen der Toten aufgezeichnet, soweit sie zu ermitteln waren.

Die Gedenkstätte heute

Dank der Initiative überlebender Häftlinge wurden in den 1950er- und 1960er-Jahren Mahnmale zum Gedenken an die Ermordeten errichtet. Die Gedenkstätte selbst wurde erst 1995 gestaltet. im Jahre 2006 konnten die Gebäude komplett als Gedenkstätte umgestaltet werden. In den ehemaligen Häftlingsblocks 21–24 befindet sich die Hauptausstellung. Ergänzende Ausstellungen informieren zur SS und zur Zwangsarbeit im KZ. Außerdem veranstaltet die Gedenkstätte einen »Dialog zwischen den Generationen«, Zeitzeugengespräche und Programme für Schulklassen sowie für interessierte Jugendliche und Erwachsene.

INFORMATIONEN: Gedenkstätte Neuengamme: Jean-Dolidier-Weg 75, www.kz-gedenkstaette-neuengamme.de

Die schmerzliche Geschichte des Konzentrationslagers Neuengamme ist in einer Gedenkstätte aufgearbeitet (oben und unten). In Fuhlsbüttel, Rothenburgsort und weiteren Stadtteilen erinnern Gedenkstätten an die während der Naziherrschaft gefolterten und ermordeten Menschen.

Der Wasserturm Groß Sand in Hamburg-Wilhelmsburg wurde vor mehr als 100 Jahren errichtet (oben). Das Dockville Festival mit seinem Spektakel aus Licht und Musik ist ein Publikumsmagnet (unten). Die Windmühle Johanna liegt an einem Teich im Osten von Wilhelmsburg (rechts unten). Illuminierter Speicher beim Dockville Festival (rechts oben).

47 Elbinsel Wilhelmsburg

Neues Leben auf der Flussinsel

Wilhelmsburg ist nicht nur die größte Flussinsel Europas, sondern auch der größte Stadtteil von Hamburg. Lange nicht im Fokus der Stadt, gewinnt die während der Flutkatastrophe von 1962 schwer getroffene Region zwischen Norder- und Süderelbe mit der wachsenden HafenCity und als Hauptveranstaltungsort der Internationalen Gartenschau 2013 neue Bedeutung.

Die schwere Sturmflut in der Nacht zum 17. Februar 1962 ließ nicht nur Deiche entlang der Nordseeküste brechen, auch Hamburg meldete »Land unter«. 318 Menschen ertranken, mehr als 20000 mussten evakuiert werden, rund 6000 Häuser wurden zerstört. Besonders schwer war die Elbinsel Wilhelmsburg betroffen. Die überforderten zuständigen Behörden erhielten Hilfe durch die unbürokratischen Sofortmaßnahmen der Bundeswehr und des NATO-Militärs, die der damalige Hamburger Innensenator Helmut Schmidt noch am Morgen des 17. Februar anforderte, nachdem er kurzentschlossen die zentrale Einsatzleitung im Hamburger Stadtgebiet übernommen hatte. Zwei Stelen aus Beton an der Kirchdorfer Straße erinnern als »Deichdenkmal« an die schwere Flutkatastrophe. Nicht weit entfernt zeigen reetgedeckte Bauernhäuser aus dem 19. Jahrhundert, wie die Menschen früher auf der Elbinsel lebten.
Ursprünglich bestand Wilhelmsburg aus den drei Inseln Georgswerder, Stillhorn und Reiherstieg-Rotehaus, die Herzog Georg Wilhelm von Braunschweig-Lüneburg ab 1672 zusammen eindeichen ließ. Schon damals wurde über den Reiherstieghafen mit Holz gehandelt. Im 19. Jahrhundert siedelten sich zahlreiche Gewerbebetriebe an, die in den Hamburger Hafen importierte Güter weiterverarbeiteten. Zusammen mit Harburg kam Wilhelmsburg 1937/38 mit dem Groß-Hamburg-Gesetz zur Hansestadt.

Eine Mischung aus Gewerbe und Grün

Ob Industrie- und Hafenanlagen oder ausgedehnte Schrebergartensiedlungen, in Kirchdorf-Süd Hochhausfassaden mit Wohnsilos für Tausende in Sichtweite der Autobahn oder Dorfidylle im Zentrum von Kirchdorf mit Kreuzkirche von 1614, Küsterhaus und altem Amtshaus, heute mit Stadtteilmuseum: Wilhelmsburg lässt sich nicht so einfach in eine Schublade packen. Rund ein Drittel der Wilhelmsburger stammt aus der ersten oder zweiten Einwanderergeneration, mit einem

hohen Anteil muslimischer Bevölkerung. Die Tradition als Einwandererstadtteil reicht schon in die Zeit zurück, als sich im Zuge der Industrialisierung vor 150 Jahren viele Arbeiter und ihre Familien aus dem preußischen Posen hier ansiedelten und die Gegend nördlich des Vogelhüttendeiches als »Klein Warschau« bekannt war.
Es passt zum teilweise ländlichen Ambiente von Wilhelmsburg, dass Kinder im Ortsteil Kirchdorf eine bäuerliche Idylle nicht weit von den Hochhäusern in Kirchdorf-Süd finden. Auf dem Kinderbauernhof Kirchdorf leben 260 Tiere, von der Maus über Hühner bis zu Pferden, die Kinder bei freiem Eintritt hautnah erleben, füttern und streicheln können. Umfangreiche Bauten, Grünanlagen und Blumenschmuck für die Internationale Gartenschau im Oktober 2013 werden auch bisher vernachlässigte Gebiete des Stadtteils aufwerten. Dabei hat Wilhelmsburg schon besondere Naturschätze zu bieten. Beim Finkenrieker Hauptdeich beginnt das Naturschutzgebiet Heuckenlock mit ursprünglichen Elbauen und dem einzigen Süßwassertide-Auenwald Europas.

Kulturprogramm zum Mitmachen

Auch kulturell gewinnt Wilhelmsburg langsam Anschluss an den Rest der Elbmetropole. Mit dem Dockville Freiluftfestival ist es bereits spitze. Mehrere Dutzend Musikbands und bildende Künstler schaffen gemeinsam eine besondere Atmosphäre, die über das Flair konventioneller Musikfestivals hinausgeht. Und in der Honigfabrik am Veringkanal in dem szenigen Reiherstiegviertel wird schon seit mehr als 30 Jahren keine Margarine mehr zusammengerührt oder Honig abgefüllt, sondern von diversen Initiativen im Stadtteil ein buntes Kulturprogramm zum Mitmachen angeboten.

ÖKOBUNKER NEUHÖFER STRASSE

In dem ehemaligen Flakbunker von 1943 fanden bis zu 30 000 Menschen Schutz vor Fliegerbomben. Nun wird der Weltkriegskoloss aus 80 000 Kubikmetern Stahlbeton zum Öko-Kraftwerk ausgebaut. Dach und Südfassade liefern Solarenergie. Im Inneren arbeitet ein Blockheizkraftwerk auf Biomassebasis. So werden demnächst 8000 Wohnungen der Umgebung mit Energie versorgt. Hinzu kommt ein öffentlich zugängliches Café mit Aussichtsterrasse auf 30 Metern Höhe.

WEITERE INFORMATIONEN

Dockville Freiluftfestival: Reiherstieg Hauptdeich/Ecke Alte Schleuse, www.dockville.com, **Honigfabrik:** Industriestr. 125–131, www.honigfabrik.de, **Kinderbauernhof Kirchdorf:** Stübenhofer Weg 19, www.kibaho.com, **Museum Elbinsel Wilhelmsburg mit Café Leonore:** Kirchdorfer Str. 163, www.museum-elbinsel-wilhelmsburg.de, **Windmühle Johanna:** Schönenfelder Str. 99, www.windmuehle-johanna.de, **Internationale Gartenschau Hamburg – In 80 Gärten um die Welt:** www.igs-hamburg.de

Der Harburger Hafen an der Süderelbe hat sich gemausert mit Kunst (unten), originellen Restaurants (oben) und umgebauten Industriegebäuden wie dem früheren riesigen Getreidesilo (rechts).

48 Harburg

Hamburgs unbekannte Schwester

Harburg – Industriebranche, langweilig, Niemandsland? Das war vielleicht gestern. Inzwischen ist neues Leben in leere Fabrikhallen eingezogen, trendige Kunstsammlungen können mühelos den renommierten Museen nördlich der Elbe das Wasser reichen. Ungewöhnliche Konzepte verbinden Wohnen und Industrieambiente, gläserne Türme mit rotem Backstein, in den Kanälen des Binnenhafens dümpeln Segler und Hausboote.

Harburg hat eine eigene, über 1000-jährige Geschichte. Ein Handelsweg von der Hammaburg nördlich der Elbe führte über mehrere Elbinseln nach Süden. Am Elbübergang des südlichen Elbarms sollen die Stader Grafen einst eine Burg errichtet haben, die im Laufe der Zeit mehrfach zerstört und wieder aufgebaut wurde. Da diese am Rande eines *Hor* genannten sumpfigen Geländes stand, wurde die Befestigung bald *Horeburg* und später Harburg genannt. Später gehörte der wachsende Ort zum Besitz der Celler Welfen-Herzöge und als Amtssitz mehrerer Kreise zum Königreich Hannover. In Konkurrenz zum nördlichen Hamburg siedelten sich ab Mitte des 19. Jahrhunderts zahlreiche Betriebe an, die importiertes Kautschuk und Erdöl weiterverarbeiteten.
So ist Harburg, wie andere Gebiete Preußens 1937/38 Hamburg angegliedert, gleichzeitig Stadtteil mit gut 20000 Einwohnern, zu dem auch ein Teil des Harburger Hafens gehört, und einer der sieben Stadtbezirke Hamburgs. Die Tageszeitung *Harburger Anzeigen und Nachrichten* versorgt die Einwohner seit 1844 mit Informationen aus Harburg und der Region. Das Ende des 19. Jahrhunderts erbaute Rathaus im Zentrum ziert eine repräsentative Fassade im Neorenaissancestil. Im Zweiten Weltkrieg schwer getroffen und zu mehr als einem Drittel zerstört, haben sich der Stadtbezirk und der Stadtteil Harburg in seinem Zentrum erholt.

Neue Kunst in alten Hallen

Mit Fachwerkhäusern in der Harburger Schlossstraße, im Karnapp, der Neuen Straße, dem Schellerdamm sowie in der Lämmertwiete besitzt Harburg restaurierte historische Bauten, um die man sie nördlich der Elbe beneidet. Auch mehrere der schlimmsten Bausünden beim Wiederaufbau sind deutlich gemildert.

Neues Leben in alten Industriegemäuern: Das bietet auch der Harburger Hafen, mit Freizeitambiente vor Hafenkränen (oben) oder Büros und Restaurants im Getreidesilo (unten). Das repräsentative Harburger Rathaus wurde vor mehr als 100 Jahren im Stil der Neorenaissance errichtet (rechts unten).

Heute nutzt die Phoenix Kulturstiftung einen Teil des Geländes der früheren gleichnamigen Gummiwerke, in denen zu besten Zeiten 6000 Arbeiter Autoreifen, Gummistiefel, Förderbänder, Wasserschläuche, Badeartikel, Riemen und Matten aus Kautschuk herstellten. Die private Kunstsammlung von Harald Falckenberg in mehreren großzügig restaurierten Räumen der früheren Fabrik gleich gegenüber vom Harburger Bahnhof gehört für die Art News aus New York zu den 200 besten Privatsammlungen zur Gegenwartskunst weltweit. Eine seit Kurzem enge Kooperation mit den Deichtorhallen ermöglicht Ausstellungen auch nördlich der Elbe. Installationen, Bilder und multimediale Projekte der letzten 40 Jahre bilden den Schwerpunkt der bislang 2000 gesammelten Kunstwerke. Auch der gleich gegenüber liegende Harburger Bahnhof, an dem auch ICE-Züge halten, ist von der Muse geküsst. Ein neu gegründeter Kunstverein zeigt seit einigen Jahren im renovierten Wartesaal der Ersten Klasse zeitgenössische Werke vorwiegend junger Künstler. Der *Jazzclub im Stellwerk* gehört zu den besten der Stadt.

Technologiezentrum Harburg Valley

Nicht alles ist restauriert und renoviert, doch Harburgs Wasserseite zeigt eine nostalgische Romantik, die die Neubauten der HafenCity noch lange nicht werden aufweisen können. Diverse Fleethäuser, Speicher und Industriebauten zeigen eine reparierte Fassade, und hinter den roten Backsteinmauern haben sich Start-ups und andere Firmen eingerichtet. Der schon 1928 erbaute Kaispeicher Harburg am Veritaskai ist schon von Weitem zu sehen. Bis 1997 wurden die gewaltigen Röhrensilos über Schüttkegel mit Getreide gefüllt. Die unter Denkmalschutz stehende Struktur ist erhalten geblieben, obwohl sich hinter der verbindenden Metallfassade moderne Büros verbergen. Auch die 1978 gegründete Technische Universität Hamburg-Harburg hat ihren Sitz im Binnenhafen, umgeben von einem Kranz von Technologie- und Telekommunikationsunternehmen, die dem Viertel zum Beinamen »Harburg Valley« verholfen haben. Zum Harburger Binnenhafenfest Anfang Juni kommen viele Tausend auch kaum mit moderner Technologie befasste Harburger ins Hafenquartier, um kleine Kähne und große Schiffe zu bestaunen und sich am bunten Unterhaltungsprogramm zu erfreuen.

Lebendige Traditionen

Ein anderes der über das Jahr verteilten Harburger Stadt(teil)feste hat noch eine weit längere Tradition. Schon seit fast 500 Jahren veranstaltet die Harburger Schützengilde *von 1528* ihr jährliches Schützenfest, das *Harburger Vogelschießen*, bei dem natürlich schon lange nicht mehr auf Vögel, sondern auf Scheiben geschossen wird. Mitte Juni startet das einwöchige Festprogramm mit einem bunten Jahrmarkt, bei dem der *Ausmarsch der Schützen* durch das Stadtzentrum und die Krönung des Schützenkönigs, traditionell mit Anwesenheit des Hamburger Ersten Bürgermeisters, den Höhepunkt bildet.
Das in Harburg gelegene Archäologische Museum der Hansestadt macht Altertumsforschung auch für Kinder und Jugendliche zu einer spannenden Sache. 200 000 Jahre Geschichte in der Metropolregion Hamburg, vor allem Ur- und

Frühgeschichte Norddeutschlands. In seinem Depot lagern rund 2,5 Millionen Exponate. Das Haupthaus am Museumsplatz zeigt viel beachtete Sonderausstellungen, z. B. zu den Lebensbedingungen während der Eiszeit in Hamburg, mit Fundstücken und lebensgroßen Tiermodellen z. B. vom Mammut. Auf einem Rundgang werden Themenkomplexe wie »Nahrung«, »Gewalt«, »Tod«, »Innovation«, »Werkstoff« und »Mobilität« behandelt, jeweils mit Bezügen zur Gegenwart und gegenübergestellt zu Fundstücken aus der Altertumsgeschichte. Kinder können verschiedene Exponate anfassen oder, wie bei der Mitmachaktion »Feuermachen auf Steinzeitart«, Kulturgeschichte selbst erforschen.
Im Helms Museum residiert auch das Harburger Theater. In den 1950er-Jahren als Provisorium gedacht – das eigentliche Theater war in den Bombennächten des Zweiten Weltkrieges zerstört worden – brachte man es im Museum unter. Ein Provisorium ist es auch heute, da dringend notwendige Sanierungen aus Kostengründen aufgeschoben werden. Nur dem Enthusiasmus von Theatermachern und Publikum ist es zu verdanken, dass nach wie vor ein Theater auch den fast 200 000 Einwohnern des Bezirks Harburg ein kulturelles Angebot macht, das von klassisch bis Boulevard reicht und dazu Aufführungen in plattdeutscher Sprache präsentiert.

Ein gedrungenes Gotteshaus

Die 1000-jährige Kirche in Sinstorf, einem kleinen Stadtteil am südlichsten Zipfel des Bezirks Harburg, ist, selbst vielen Harburgern unbekannt, das älteste genutzte Gebäude Hamburgs. Von der alten Feldsteinbasilika aus dem 11. Jahrhundert sind noch einige bis zu 1,50 Meter dicke Wände erhalten. Das gedrungene Gotteshaus mit einem Altar von 1619 sowie einem Marienrelief von 1470 erhebt sich auf einem warftähnlichen, von Bäumen bestandenen Hügel mit einigen alten Gräbern.

TALSANDINSEL

Als nach der letzten Eiszeit gewaltige Wasserströme der schmelzenden Gletscher durch das Urstromtal der Nordsee zuströmten, ließen Strömungen Erhebungen von Sand, sogenannte Talsandinseln, entstehen. Auf einer dieser Sandhügel wurde die Horeburg errichtet. Sie war durch einen Damm und mehrere Brücken mit dem höher gelegenen Geestland im Süden verbunden.

WEITERE INFORMATIONEN

Jazzclub im Stellwerk: Hannoversche Straße 85, www.stellwerk-hamburg.de, **Helms Museum – Archäologisches Landesmuseum:** Museumsplatz 2, www.archaeologisches-museum-hamburg.de, **Harburger Theater:** Museumsplatz 2, www.harburger-theater.de, **Kirche Sinstorf:** Sinstorfer Kirchweg 21, www.kirche-sinstorf.de, **Kunstverein Harburger Bahnhof:** Hannoversche Str. 85, www.kvhbf.de, **Kulturzentrum Rieckhof:** Rieckhoffstr. 12, www.rieckhof.de, **Schwerelos und Zeitlos:** Im Palmspeicher, Harburger Schlossstr. 22, www.schwerelos-zeitlos.de, **Sammlung Falckenberg:** Phoenixhallen, Wildorfer Str. 71/Tor 2, www.sammlung-falckenberg.de

Wasserräder sind für Kinder ein besonderes Erlebnis (oben). Im Freilichtmuseum kann man in den Sommermonaten alte Trachten bewundern (unten). Der Wildpark Schwarze Berge ist auch bekannt wegen seines Dam- und Rotwild (rechts unten).

49 Wildpark und Kiekeberg

Feld und Wald im Süden der Hansestadt

Die Stadtteile Hausbruch und Neuraben-Fischbek gehören zum Hamburger Stadtgebiet; um die Dörfer Ehestorf und Vahrendorf macht die Hamburger Landesgrenze einen Bogen. Doch die Heideflächen, Wälder und Moore der Harburger Berge halten sich nicht an Grenzmarken. Viele Wanderwege und zwei Freizeitparks machen die Naturlandschaft zum beliebten Ausflugsziel.

Der Wildpark Schwarze Berge und das nur einige Hundert Meter entfernte Freilichtmuseum Kiekeberg gehören bereits zu Niedersachsen. Die Hamburger stört das nicht, beide Attraktionen ziehen Familien mit Kindern aus der Hansestadt geradezu magnetisch an. Wo sonst außer im Wildpark laufen putzige Hängebauchschweine auf den Parkwegen zwischen den Besuchern herum, lassen sich Damwild und Hirsche mit prächtigen Geweihen beobachten und Wildschweinen zusehen, wie sie schnaubend den Waldboden nach Essbarem durchpflügen? Zur den angeschlagenen Terminen der Wildfütterung versammeln sich meist Groß und Klein. Kinder können im Rahmen eines besonderen Angebots Gipsabdrücke von Tierspuren nehmen oder auf dem großen Spielplatz herumtoben.

Freilichtmuseum am Kiekeberg

Im Freilichtmuseum am Kiekeberg gehen die Besucher auf eine Zeitreise in die Welt der Urgroßeltern um das Jahr 1850 herum. Rund 30 Gebäude und Gärten aus der Elbmarsch und der nördlichen Lüneburger Heide sind hier zusammengetragen und originalgetreu wieder aufgebaut. Torfscheune, Ziegelei, Fischerhaus, Schweinestall, Windrad zur Entwässerung, Bienenkörbe, vieles, was heute vor allem städtische Kinder kaum noch kennen, kann hier betrachtet und meist auch angefasst werden. Mitarbeiter führen traditionelle Handwerke aus alten Zeiten vor: Schmieden, Weben, Wippdrechseln oder Backen. An Wochenenden können auch Kinder Hand anlegen. Zum Beispiel beim Melken an der Melkübemaschine. Die nimmt auch falsche Handgriffe nicht übel, und wer es richtig anstellt, erhält sogar etwas Milch.

Naturschutzgebiet Heidelandschaft

Das Naturschutzgebiet der Lüneburger Heide zieht sich nach Norden bis in den Landkreis Harburg. Die Wälder auf der sandigen Geestlandschaft wurden schon früh abgeholzt, ersetzt durch Heidekraut mit Wacholderbüschen und gelegentlichen Birkenhainen. Dagegen liegen die

rund 800 Hektar große Fischbeker Heide und die benachbarte Neugrabener Heide innerhalb der Hamburger Stadtgrenzen, südlich der viel befahrenen Cuxhavener Straße. Die Buchenwälder der Schwarzen Berge begrenzen die Heideflächen im Osten.

Die dekorative Landschaft mit erikafarbenem Heidekraut ist allerdings Menschenwerk, Resultat eines Raubbaus an den Wäldern, die im Mittelalter zur Befeuerung der Salzsiedepfannen von Lüneburg genutzt wurden. So hat sich in dem einstigen Waldgelände schon vor mehreren Hundert Jahren eine Kulturlandschaft mit weiten Heideflächen entwickelt, die heute mithilfe der Umweltbehörde der Stadt und einer tüchtigen, frische Baumsprösslinge abgrasenden Schafherde erhalten bleibt. Das Areal ist durchzogen von einem Wanderwegenetz. In den Ausläufern der Harburger Berge, am Ende des Fischbeker Heidewegs, ragt mit dem 116,3 Meter hohen Hasselbrack auch die höchste Erhebung, der »Mount Everest« der Hansestadt, in den Himmel, ein Paradies für Wanderer. Ein Archäologischer Wanderpfad zieht sich vom reetgedeckten Informationshaus *Schafstall* des Naturschutzamtes Hamburg den Fischbeker Heideweg entlang nach Süden. Bei einem Spaziergang erläutern elf Schautafeln Grabhügel aus der Bronze- und Eisenzeit oder die Nachbildung eines wie ein Einbaum aus Holz gefertigten Sarkophages.

Brutgebiet für Vögel

Gleich nördlich der Cuxhavener Straßen, an der Grenze zum Alten Land und seinen Obstplantagen, bilden die Fischbeker Wiesen, das Nincoper-, das Francoper- und das Vierzigstückenmoor einen breiten Moorgürtel im Marschgebiet, der nicht landwirtschaftlich genutzt wird, sondern als typische Feuchtlandschaft und als Brutgebiet für Vögel unter Naturschutz steht.

STOOF MUDDERS KROOG

Im früheren Pfarrwitwenhaus beglückte schon Frau Stoof, genannt »Stoof Mudder« ihre Gäste. Heute gibt es im Reetdachrestaurant des Freilichtmuseums am Kiekeberg nicht nur »Gans für Vier« oder Grünkohl, sondern auch moderne leichte Interpretationen der klassischen norddeutschen Küche.

Auch das *Gasthaus zum Kiekeberg* in Rosengarten präsentiert sich mit gepflegter Gastlichkeit mit hausgebackenem Brot und regionaler Küche. Gratis dazu gibt es den Panoramablick auf Hamburg von der Terrasse aus. Zusätzlichen Kletterspaß bietet ein Hochseilgarten ganz in der Nähe.

WEITERE INFORMATIONEN

Freilichtmuseum am Kiekeberg: Am Kiekeberg 1, 21224 Rosengarten-Ehestorf, www.kiekeberg-museum.de, www.stoof-mudders-kroog.de, **Gasthaus zum Kiekeberg:** www.kiekeberg.de, **Hochseilgarten:** www.hochseilgarten-kiekeberg.de, **Naturschutz-Informationshaus »Schafstall«:** Fischbeker Heideweg 43, **Wildpark Schwarze Berge:** Am Wildpark 1, 21224 Rosengarten-Vahrendorf, www.wildpark-schwarze-berge.de

An den Brücken sollt ihr sie erkennen: Holländer haben einst die Marschen trockengelegt (oben). Prächtige Fachwerkhäuser zeugen vom Wohlstand der Obstbauern (unten). Die St. Pankratiuskirche mit ihrer Schnitger-Orgel in Neuenfelde steht täglich zur Besichtigung offen (rechts unten).

50 Altes Land

Obstblüten und Früchte von Äpfeln und Kirschen

Rund 750 Obstbaubetriebe an der Niederelbe machen das Alte Land mit seinem fruchtbaren Marschboden zwischen Harburg und Stade zum größten geschlossenen Obstanbaugebiet im nördlichen Europa. Die Baumreihen ziehen sich östlich vom Hafen und den Airbus-Werken durch die ländlichen Hamburger Stadtteile Neuenfelde, Francop und Cranz bis weit nach Niedersachsen.

Die schönsten Blüten blühen an den Bäumen – so scheint es jedenfalls vielen Ausflüglern, die im Mai zu Fuß oder mit dem Fahrrad über Feldwege durch die Obstplantagen des Alten Landes streifen. Über Nacht sind die Kirschblüten aufgegangen. Ein ganz feiner Duft erfüllt die Luft. Das weiße Blütenmeer, ein geradezu überirdischer Anblick, lockt jedes Frühjahr Tausende Bewunderer aus ganz Deutschland und den Nachbarländern an die Elbe. Auf 170 Quadratkilometern gedeihen Kirschen, Äpfel, Birnen, Pflaumen und Zwetschgen. Allein entlang des Obstmarschenwegs zwischen Hamburg-Moorburg und Stade kultivieren 500 Obstbauern auf rund 600 Hektar Süßkirschen. Die blühen als Erste, gut drei Wochen später folgen die Apfelbäume.

Reetgedeckte Bauernhöfe

Prächtige Obstbauernhöfe zwischen den Feldern und an der Straße imponieren mit weiß gekalktem Fachwerk aus Eichenholz. Nicht minder eindrucksvoll sind die mit Schnitzwerk dekorierten, leuchtend weißen Prunkpforten am Eingang zu den Höfen. Zum Blütenfest am ersten Maiwochenende mit Krönung der Blütenkönigin und buntem Programm auf mehreren Bühnen kommen seit mehr als 30 Jahren viele Tausend Einheimische, Hamburger und andere Besucher. Auch in den Kaffeegärten am Elb- oder Estedeich und in den Hofcafés von Jork oder Himmelpforten herrscht reger Betrieb. Zu milden Frühlingstemperaturen und Sonnenschein locken der Duft von frisch gebrühtem Kaffee und hausgebackenem Blechkuchen zur gemütlichen Rast auf einer der vielen Terrassen.
Im Sommer ist Erntezeit für die Kirschen, im Herbst schlägt die Stunde für *Ingrid Marie* oder den *Herbstprinzen*. Handgepflückt wandern die Äpfel von über drei Millionen Apfelbäumen in die Hofläden, auf den Hamburger Großmarkt oder finden sich in Supermärkten des ganzen Ostseeraumes. Köstlich schmecken auch die frisch gepressten Säfte, die teilweise sogar sortenrein an-

geboten werden. Und wer sich ab und an einen Obstbrand genehmigt, sollte an den feinen Apfelbränden in den Hofläden der Obstbauern nicht achtlos vorübergehen.

Holländische Deichbauer

Wem die Landschaft, die Brücken über den Entwässerungskanälen und die Orte teilweise »holländisch« vorkommen, liegt nicht daneben. Schließlich holten schon im 11. Jahrhundert bremische Erzbischöfe Holländer ins Land, die als Entwässerungsexperten Deiche und Kanäle anlegten. Da sie sich von Stade aus nach Osten voranbewegten, bezeichnet man noch heute das Terrain bis zum Flüsschen Lühe als erste, das bis zur Este als zweite und bis zur Süderelbe als dritte Meile. Die Letztere, in der lange vorwiegend Gemüse, aber auch Flachs und Hanf angebaut wurden, kam 1937/38 zu Hamburg, die beiden anderen gehören zum Landkreis Stade. Hollerkolonien nannte man die Siedlungen der Holländer in der künstlichen Wasserlandschaft.

Dorfkirchen mit Arp-Schnitger-Orgeln

Einen Besuch lohnen auch die entzückenden Dorfkirchen im Stil des Altländer Barocks mit blauem Gewölbehimmel und Goldblechsternen aus dem 17. Jahrhundert. In acht von ihnen erklingen zu den Gottesdiensten Orgeln des berühmten Baumeisters Arp Schnitger (1648 bis 1719), der auch die Gemeinde Neuenfeld bekannt machte. Seine zweimanuale Orgel ertönt noch immer von der Empore. Eine Bodenplatte neben Schnitgers Gruft in der ländlich barocken St.-Pankratius-Kirche erinnert an ihn. Der Besuch der auf einer Sanddüne gegen Sturmfluten geschützten Kirche lohnt auch wegen ihrer schönen Innendekoration, darunter eine aufwendig geschnitzte Altarwand, das mit Engeln bemalte hölzerne Tonnengewölbe sowie ein Taufstein aus dem 17. Jahrhundert.

OBSTHÖFE – ZUM REINBEISSEN

Wem der Sinn nach einem Picknick in der Natur oder auf dem Deich steht, der kann sich mit dreitägiger Vorbestellung vom Obstparadies Schuback in Westerjork einen Korb mit Leckereien für seinen Ausflug im Alten Land packen lassen. Dazu gibt es selbstverständlich Obstverkauf und Führungen über den Obsthof. Auch der *Obsthof Quast* an der Hohenwischer Straße in Francop ist eine gute Adresse für Äpfel, Birnen und Kirschen. Der Hofladen verkauft Säfte und Brände sowie hausgemachte Marmeladen – alles aus naturnahem Anbau. Der *Obsthof Matthies* in Borstel direkt am Elbdeich bietet Obstverkauf, Besichtigung der Obstplantage und dazu Kaffee und Kuchen.

WEITERE INFORMATIONEN

Heimatverein Neuenfelde: www.900jahreneuenfelde.de, **Kirche St. Pankratius:** Organistenweg 7, www.kirche-suederelbe.de, **Obstblütenstand:** www.bluetenbarometer.de, **Obsthof Matthies:** www.obsthof.de, **Obsthof Quast:** www.obsthof-quast-francop.de, **Obstparadies Schuback:** www.obstparadies-jork.de, **Tourismusgemeinschaft Altes Land:** www.altesland-tourismus.de

Zur Obstblüte im Frühling verwandelt sich das Alte Land in ein weißes und rosa Blütenmeer.

Naturfreibad im Stadtpark (oben). Beim roten Pavillon auf dem Stadtparksee kann man Tretboote und Kanus mieten (Mitte). Elbufer bei Blankenese (unten).

Register

Sachregister

Personenregister

Historische Kaufmannshäuser am Nikolaifleet (oben). Bar im Spielcasino Hamburg (Mitte). Imperial-Krimi-Theater an der Reeperbahn (unten).

Antiquitätenhändler in den Markthallen (oben). Das Angebot im Café *Liebermann* in der Kunsthalle reicht von Antipasti bis Kuchen (Mitte). Kneipe und Restaurant *Fleetschlösschen* in der Speicherstadt (unten).

Impressum

Produktmanagement: Joachim Hellmuth
Textlektorat: Karin Weidlich, München
Korrektorat: Anke Höhne, München
Layout und Bildredaktion: VerlagsService Gaby Herbrecht, Mindelheim
Repro: Repro Ludwig, Zell am See
Umschlaggestaltung: Frank Duffek, München
Kartografie: Astrid Fischer-Leitl, München
Herstellung: Bettina Schippel
Printed in Italy by Printer Trento

Für Hinweise und Anregungen sind wir jederzeit dankbar. Bitte richten Sie diese an:
Bruckmann Verlag
Postfach 40 02 09
80702 München
E-Mail: lektorat@bruckmann.de

Bildnachweis:
Alle Bilder des Innenteils und des Umschlags stammen von Michael Pasdzior, Hamburg, außer:
25hours Hotel HafenCity: S. 69 r.o.; Kai Abresch Photography: S. 29 r.o.; Michael Batz: S. 65 r.o.; Freilichtmuseum am Kiekeberg: S. 156 o., u.; www.fotolia.com: S. 59 r.o. (amphibol), S. 35 u. (Markus Gause), 34 o. (Starpics), 118 o. (thorabeti); Fabian Harrwich: S. 157 r.o.; Hamburger Friedhöfe -AöR- 2009 bis 2011: S. 119, 121 l., r.o.; Michael Kottmeier: S. 149 u.; Peter Körber: S. 143 r.o.; KZ-Gedenkstätte Neuengamme: S. 149 o.; Stefan Malzkorn: S. 45 r.o.; Christian Oehler: S. 164 u.; Loki Schmidt Haus: S. 136 u.; www.shutterstock.com: S. 129 l. (Nickeldesign3), 159 r.o. (MAZZZUR); Spicy's Gewürzmuseum Hamburg: S. 62 u.; Spielbank Hamburg Jahr + Achterfeld KG: S. 103 r.o., 163 m.; Wildpark Schwarze Berge: S. 157 l.; www.diemotte.de: S. 130 u.

Umschlag:
Vorderseite:
oben: Die Alsterarkaden am Abend (Picture Alliance, Frankfurt a.M./chromorange)
Mitte: Blick auf den Fischmarkt (Bildagentur Huber, Garmisch-Partenkirchen/Gräfenhain)
unten: Villen an der Alster (Bildagentur LOOK, München/ Schiesswohl, W.)
Klappe vorne: In der Speicherstadt.
Rückseite:
links: Am Jungfernstieg starten die Alsterdampfer
Mitte: Entspannen im Hof der Zeise-Hallen
rechts: Große Freiheit St. Pauli
Klappe vorne: Brücken führen über den Zollkanal zur Speicherstadt.
Klappe hinten: Ausflug auf der Elbe bei Bergedorf

Seite 2/3: »Strandpauli«, der beliebteste Hamburger Beachclub, liegt schräg gegenüber der Werft Blohm + Voss.
Seite 6/7: Zu den Hafenfesten herrscht Hochbetrieb an Seglern und Traditionsschiffen.
Seite 166/167: Im Hafen ist täglich 24 Stunden lang Betrieb.

Die Deutsche Nationalbibliothek verzeichnet diese Publikation in der Deutschen Nationalbibliografie; detaillierte bibliografische Daten sind im Internet über http://dnb.d-nb.de abrufbar.

ISBN 978-3-7654-5831-6

In gleicher Reihe erschienen ...

ISBN 978-3-7654-5437-0

ISBN 978-3-7654-5599-5

ISBN 978-3-7654-4828-7

ISBN 978-3-7654-5154-6

ISBN 978-3-7654-4830-0

ISBN 978-3-7654-5368-7

ISBN 978-3-7654-5253-6

ISBN 978-3-7654-5831-6

ISBN 978-3-7654-5597-1

ISBN 978-3-7654-5214-7

ISBN 978-3-7654-5592-6

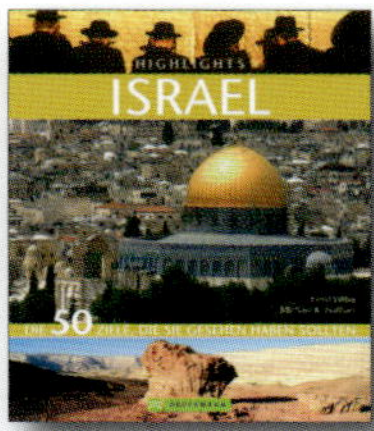

ISBN 978-3-7654-5598-8

ISBN 978-3-7654-4617-7

ISBN 978-3-7654-5594-0

ISBN 978-3-7654-5426-4

ISBN 978-3-7654-4760-0

ISBN 978-3-7654-4869-0

ISBN 978-3-7654-5596-4

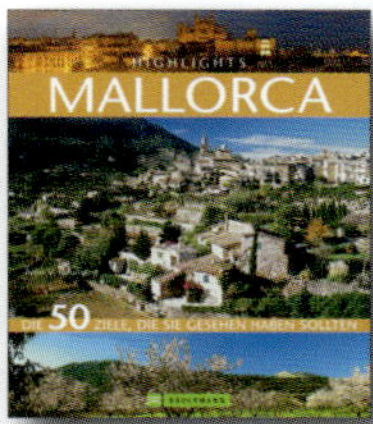

ISBN 978-3-7654-5465-3

ISBN 978-3-7654-4750-1

ISBN 978-3-7654-5751-7

ISBN 978-3-7654-4827-0

ISBN 978-3-7654-6032-6

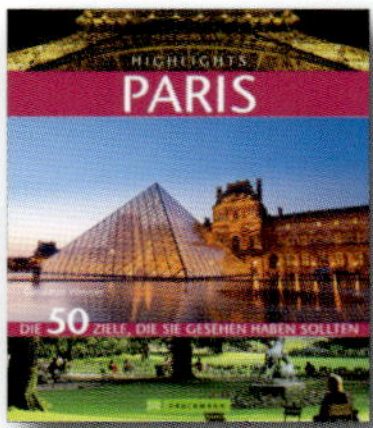

ISBN 978-3-7654-5753-1

ISBN 978-3-7654-5436-3

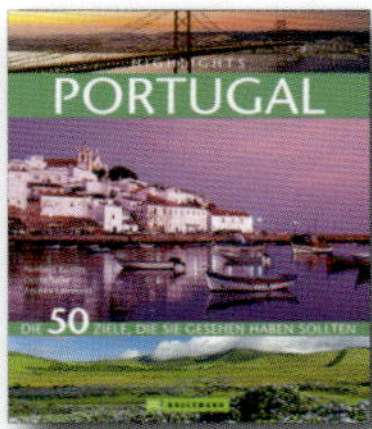

ISBN 978-3-7654-5533-9

ISBN 978-3-7654-5752-4

ISBN 978-3-7654-5600-8

ISBN 978-3-7654-4973-4

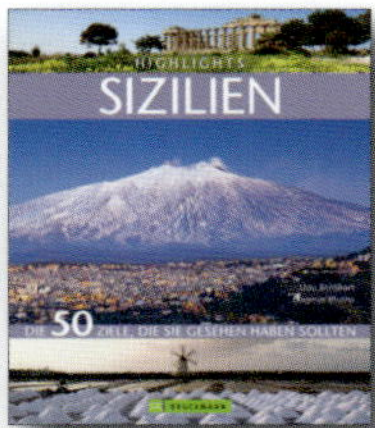

ISBN 978-3-7654-5880-4

ISBN 978-3-7654-4748-8

ISBN 978-3-7654-5863-7

ISBN 978-3-7654-5496-7

ISBN 978-3-7654-5758-6

ISBN 978-3-7654-5144-7

BRUCKMANN

www.bruckmann.de